Ursula Summ

trennkost
für Einsteiger

Inhalt

Liebe Leserinnen und Leser,

nicht weniger, sondern anders essen, das ist die Devise der Trennkost. Gesundes Essen und sich dabei wohl fühlen muss nicht Verzicht bedeuten. Deshalb liegen Sie mit der Trennkost vollkommen richtig. Denn mit der Trennkost können Sie leckere Gerichte genießen, mit Familie und Freunden schlemmen, im Beruf und auf Reisen köstlich speisen, ohne dass es die Gesundheit oder Figur übel nimmt.

Mit der Trennkost haben Sie sich für ein gesundes Ernährungskonzept entschieden, das Ihnen auf Dauer Vitalität und Gesundheit garantiert. Jeder kann sich schnell mit den Trennregeln vertraut machen und rasch nach der Umstellung nach eigenen Wünschen, Geschmack und Vorlieben entweder einfache Mahlzeiten oder auch aufwändige Menüs zusammenstellen.

Die neue Trennkost mit ihrem optimalen Nährstoffmix macht Sie fit, schlank, schön und leistungsfähig. Das abwechslungsreiche Angebot an naturbelassenen Nahrungsmitteln schützt Sie nicht nur vor Herz-Kreislauf-Erkrankungen, hohen Cholesterinwerten, Übergewicht und Übersäuerung, sondern entlastet auch Magen und Darm.

Durch meine jahrelange Erfahrung mit der Trennkost und die Fragen vieler Leser sehe ich heute einige Empfehlungen der Trennkost aus einem anderen Blickwinkel. Deshalb schenke ich einigen Zutaten wieder mehr Beachtung, die in der Original-Trennkost nicht erlaubt waren. Die Trennkost wurde von Dr. Howard Hay entwickelt, um Krankheiten zu behandeln. Würzende Zutaten wie Essig, Pfeffer oder Nahrungsmittel wie Hülsenfrüchte und Erdnüsse verbannte er vom Speisezettel, weil sie die Entstehung von Gicht, Arthritis und Nierensteinen begünstigen. Für Gesunde stellen aber diese Zutaten eine Bereicherung des Speiseplans dar. Da Fett der Dickmacher Nummer eins ist, enthalten meine neuen Rezepte jetzt auch weniger Fett. Die Einsteigerwoche hilft Ihnen beim sanften Einstieg in die Trennkost. In den vier Rezeptkapiteln finden Sie jede Menge Anregungen zum Variieren und Kombinieren. So kommen Sie Ihrem neuen Ernährungsprogramm mit viel Genuss Schritt für Schritt näher.

Herzlichst, Ihre

Ursula Summ

Worum geht es in der Trennkost?

Das Grundprinzip hat Dr. Hay entwickelt, der an der Bright'schen Nierenerkrankung mit Bluthochdruck und Herzerweiterung litt. Auf der Suche nach Behandlungsmöglichkeiten fand er heraus, dass eine Übersäuerung durch eine Mischkost auf Dauer krank macht. Zu viel Säure im Körper führt zunächst zur Schädigung von Zellen und Gewebe, bis schließlich der ganze Körper erkrankt. Des Weiteren nahm er an, dass Kohlenhydrate und Eiweiß aus der Nahrung nicht gleichzeitig verdaut werden können. Das Enzym, das im Verdauungssystem für die Spaltung von Eiweiß verantwortlich ist, braucht ein saures Milieu, während das Kohlenhydrat spaltende Enzym im basischen Milieu aktiv ist. Enthält eine Mahlzeit beide Nährstoffe, werden die Kohlenhydrate seiner Meinung nach nicht vollständig abgebaut und gelangen zum Teil unverdaut in den Dünndarm, wo sie Gärprozesse und damit Missempfindungen auslösen.

Die Trennregeln

Aus diesen Erkenntnissen entwickelte er die Hay'sche Trennkost. Das Trennkostkonzept ist denkbar einfach und beruht im Wesentlichen auf drei Säulen:

1. Überwiegend kohlenhydrat- und eiweißreiche Nahrungsmittel trennen.

In der Praxis heißt das: Sämtliche Nahrungsmittel werden in drei Gruppen eingeteilt – in neutrale, in überwiegend eiweiß- und kohlenhydratreiche. Die eiweiß- und kohlenhydratreichen Nahrungsmittel werden möglichst nicht kombiniert.

Fleisch und Kartoffeln oder Brot mit dickem Wurstbelag kommen in dieser Kombination nicht auf den Teller. Die trennkostgerechte Alternative ist Fleisch plus Salat, Rohkost oder Gemüse bei einer Eiweißmahlzeit oder Bratkartoffeln mit reichlich frischem Gemüse bei einem Kohlenhydratgericht. Nahrungsmittel aus der neutralen Gruppe sind die ergänzenden und sättigenden Partner.

2. Den Säuren-Basen-Haushalt im Gleichgewicht halten.

In der Praxis heißt das: Basenbildner wie Obst, Gemüse und Pilze, Kartoffeln, Trockenobst haben Vorrang und sollten 80 Prozent der ausgewählten Nahrungsmittel ausmachen. Neben einer gesunden Ernährung gilt es aber auch, im Alltag für Harmonie, ein seelisches Gleichgewicht und ausreichend Bewegung zu sorgen.

3. Naturbelassene und gering verarbeitete Nahrungsmittel haben Vorrang.

In der Praxis heißt das: Fastfood und Fertigprodukte unbedingt meiden! Unverarbeitete oder kaum verarbeitete Nahrungsmittel enthalten weit gehend ihren ursprünglichen Anteil an Ballast- und Vitalstoffen. Daher gilt: Besser frisches Obst als Dosenobst, Vollkornreis statt geschälter Reis, Pellkartoffeln an Stelle von Pommes frites, lieber Vollkornbrot als Baguette.

Die richtige Nahrungsmittelauswahl

Zur Orientierung werden in einem Trennplan (Seite 14/15) neutrale sowie überwiegend eiweiß- und kohlenhydrathaltige Nahrungsmittel zusammengestellt.

Als neutral gelten alle Gemüsearten, Fette und Öle, Käsesorten aus Rohmilch, Vollfettkäse und gesäuerte Milchprodukte.

Basenbildner wie Gemüse, Obst und Kartoffeln bilden den überwiegenden Teil im Essensplan eines Trennköstlers, wobei Obst und Salate vor allem roh verzehrt werden sollen.

Überwiegend kohlenhydratreich sind beispielsweise Trockenfrüchte, Bananen, Datteln, Feigen, Brot, Vollkornprodukte, Nudeln oder Reis.

Käse mit einem Fettgehalt bis 60 % Fett i. Tr. wird wie Fleisch, Geflügel, Eier zu den vorwiegend eiweißhaltigen Nahrungsmitteln gezählt.

Trennkost macht fit und vital

Sicher fragen Sie sich, was bringt mir eine Ernährungsumstellung auf Trennkost? Auf jeden Fall mehr Power, Vitalität, eine bessere Gesundheit und ein jugendliches Aussehen. Übergewichtige nehmen ab, Untergewichtige zu. Der Körper wird nach und nach entgiftet und entsäuert. Das Verdauungssystem wird geschont. Völlegefühl, Blähbauch, Sodbrennen oder Darmträgheit bleiben aus. Sie fühlen sich rundum frisch und fit. Mit dem großen Angebot an Vitalstoffen schützt die Trennkost nicht nur vor Herz-Kreislauf-Erkrankungen, hohen Cholesterinwerten, Übergewicht und Übersäuerung, sondern entlastet Magen und Darm, entgiftet und heilt.

Das ist neu

Aufgrund seiner Krankheit hat Dr. Hay in der Originalfassung der Trennkost auf Pfeffer, Meerrettich und Senf sowie Hülsenfrüchte verzichtet. Da sie auch gesundheitliche Vorteile bieten, verwende ich neuerdings Pfeffer, Meerrettich und Senf als Würze, aber nur in geringen Mengen.

Hülsenfrüchte standen deshalb auf seiner Verbotsliste, weil sie schwer verdaulich sind, blähen, den Magen übersäuern und Nierenleiden sowie Gicht begünstigen. Ich zähle Hülsenfrüchte zu den Grenzfällen, denn sie sind ballaststoffreich und gute Vitalstofflieferanten. Daher esse ich sie ab und zu.

Fett ist ein guter Geschmacksträger, fördert die Aufnahme der fettlöslichen Vitamine A, D, E, K, liefert essenzielle Fettsäuren und in hohem Maße Energie. Zu viel Fett hat daher auch negative Folgen für Ihre Gesundheit. Wer abnehmen oder seine Gefäße schonen möchte, sollte die tägliche Fettmenge einschränken.

Da es in der Vergangenheit viele Missverständnisse gab, habe ich die neutrale Gruppe in zwei Teile eingeteilt. Sahne, Vollfettkäse, roher Schinken, Räucherlachs oder klare Schnäpse wurden oft zu reichlich genossen. Diese Produkte gehören jetzt zur neutralen Gruppe Teil 1 und sollten nur in kleinen Mengen zum Einsatz kommen.

Käse habe ich je nach Herstellungsverfahren neu eingeteilt und die verschiedenen Sorten der neutralen Gruppe Teil 1 zugeordnet.

Obst, **Rohkost** und **Salat** sollten wegen der Verträglichkeit nicht nach 14 Uhr genossen werden. Wenn Ihr Magen empfindlich reagiert, sollten Sie sich weiter an diese Regel halten. Ansonsten können Sie Rohes jederzeit genießen, wenn es Ihnen schmeckt und gut bekommt.

Melonen gehörten bisher zu den Früchten und daher zur überwiegend eiweißhaltigen Gruppe. Botanisch sind sie aber Kürbis- und Gurkengewächse, deshalb finden Sie Melonen jetzt in der neutralen Gruppe Teil 2.

5

Der sanfte Einstieg

Sie haben sich entschieden, Ihre Ernährung in eine andere Richtung zu lenken, doch um alte Gewohnheiten über Bord zu werfen, um neuen, gesünderen Platz zu machen, ist eine gehörige Portion Selbstmotivation und Durchhaltevermögen nötig. Mit etwas Übung und gutem Willen schaffen Sie es! Gehen Sie spielerisch an die Sache heran, starten Sie mit Hilfe der vielen Anregungen in diesem Buch in kleinen Schritten und lassen Sie sich nicht aus der Ruhe bringen, wenn es einmal nicht so klappt, wie Sie es sich wünschen. Nehmen Sie sich am Anfang genügend Zeit und machen Sie sich mit den Einzelheiten vertraut.

Kombinieren – leicht gemacht

Beginnen Sie fürs Erste mit einer gezielten Lebensmittelauswahl und bereichern Sie Ihren Speisezettel mit allem, was der Markt an natürlichen Produkten zu bieten hat. Hauptsache Sie wählen in erster Linie naturbelassene, gering verarbeitete Lebensmittel, verzichten auf Fertigprodukte und setzen verstärkt auf Basenbildner wie Gemüse, Obst, Kartoffeln. Genießen Sie Brot und Teigwaren, Milchprodukte, Eier und Fleisch nur in Maßen.

Studieren Sie im nächsten Schritt den ausführlichen Trennplan auf den Seiten 14 und 15 und entwickeln Sie ein Gefühl dafür, welche Zutaten in einer trennkostgerechten Mahlzeit harmonieren. Dafür gibt es eine einfache Regel. Neutrale Nahrungsmittel ▓ können Sie beliebig entweder mit Zutaten aus der Eiweißgruppe ▓ oder aus der Kohlenhydratgruppe ▓ mischen, da diese Kombination weder die Eiweiß- noch die Kohlenhydratverdauung stört.

Mische

Ideale Trennkost-Mahlzeiten

Trinken Sie vor dem Frühstück 1 Glas natriumarmes, stilles Mineralwasser in kleinen Schlucken. Danach haben Sie die Wahl zwischen einem Obstfrühstück, einer Kohlenhydrat- oder Eiweißmahlzeit. Schwarzer Tee und Bohnenkaffee sind Genussmittel und zudem Säurebildner – werden daher als Getränk nicht empfohlen. Wer dennoch nicht auf Tee und Kaffee verzichten möchte, kann etwas Sahne und bei Bedarf etwas Honig unterrühren.

Lassen Sie sich mittags vor dem Essen ein großes Glas Früchte- oder Kräutertee oder stilles Mineralwasser schmecken, denn zum Hauptgericht sollten Sie nichts trinken, da jedes Getränk die Magensäfte verdünnt und damit die Verdauung beeinträchtigen kann. Mittags besteht Ihre Eiweißmahlzeit aus einer Portion Fleisch, Geflügel, Fisch, Käse oder Eiern immer kombiniert mit reichlich Salat oder Rohkost vor der Mahlzeit oder einer gegarten Gemüsebeilage. Brot, Kartoffeln, Nudeln oder Reis sind als Beilage tabu. Wenn Sie sich für Fleisch entscheiden, wählen Sie Rind- oder Geflügelfleisch und meiden Sie insbesondere Schweinefleisch und daraus hergestellte Produkte.

Zu Salat und Rohkost gibt es eine Alternative: Etwa eine halbe Stunde vor dem Mittagessen säurereiches Obst essen, denn Obst ist leicht verdaulich, und wird nach etwa 30 Minuten basisch verstoffwechselt. Anschließend können Sie getrost ein Kohlenhydratgericht genießen.

Abends können Sie den Tag mit einem leicht verdaulichen Kohlenhydratgericht mit Salat oder Gemüse ausklingen lassen. Essen Sie nicht zu spät, denn Ihr Körper stellt sich schon früh auf die Nachtruhe ein.

Das ist tabu

Diese Nahrungsmittel gehören nicht ins Trennkost-Programm:

➤ Weißes Mehl und daraus hergestellte Produkte, z. B. süße und herzhafte Backwaren, Nudeln und polierter Reis.
➤ Zucker, Süßstoffe und daraus hergestellte Produkte, z. B. Süßwaren, Marmeladen und Gelees.
➤ Fertiggerichte und Konserven.
➤ Schweinefleisch (roh und gekocht), Wurst und Schinken vom Schwein.
➤ Getrocknete Hülsenfrüchte, z. B. Bohnen, Erbsen, Kichererbsen, Kidneybohnen, Linsen.
➤ Gehärtete Fette, z. B. handelsübliche Margarine, feste weiße Frittier- und Bratfette (Plattenfette).
➤ Bohnenkaffee, schwarzer Tee und Kakao in größeren Mengen.
➤ Sonstiges: Erdnüsse, Preiselbeeren (hoher Zuckergehalt), Limonaden, Malzbier, hochprozentige Spirituosen.

Trinken erfrischt und belebt

Jedes Glas Wasser, das Sie trinken, regt den Stoffwechsel an und besänftigt Hungergefühle. Trinken Sie jeden Tag mindestens 1 1/2 bis 2 Liter, am besten Wasser und wenig oder gar keinen Alkohol. Wer mehr Flüssigkeit schafft, umso besser. Trinken Sie auch, wenn Sie keinen Durst haben, denn Durst ist bereits ein Warnzeichen des Körpers.

Zur Berechnung der gesamten Flüssigkeitsmenge können Sie auch die Flüssigkeit von Suppen, Salaten, Gemüse und Obst mit einbeziehen. Wenn Sie extrem viel davon essen, nehmen Sie bereits bis zu einem Liter auf.

Ideale Durstlöscher sind neben Wasser Kräuter- und Früchtetees.

Do's und don'ts

Bier und Wein

Alkoholische Getränke sind Genussmittel und Säurebildner. Herbe Weine und trockener Sekt gehören in die Eiweißgruppe und passen in Maßen zu Eiweißmahlzeiten. Bier dagegen zählt zur Kohlenhydratgruppe und kann gelegentlich ein Kohlenhydratgericht abrunden.

Dessert und Kuchen

Diese beiden Köstlichkeiten spielen in der Trennkost eine Nebenrolle. Doch wenn Ihnen nach dem Mittagessen ein Dessert oder nachmittags ein Stück Kuchen gut tut, dürfen Sie zugreifen. Experimentieren Sie bei der Zubereitung mit Früchten und gesäuerten Milchprodukten oder mit Milchersatz und Kohlenhydratträgern wie Vollkorn-Milchreis, Bulgur oder Vollkorngrieß. Wer seine Hauptmahlzeit hin und wieder durch ein leckeres Dessert oder ein Stück Kuchen ersetzen möchte, sollte als Vorspeise oder als Zwischenmahlzeit Salat, Rohkost oder Gemüse essen.

Fastfood

Wenn es schnell gehen soll, nicht in Burger und Co. beißen, sondern Früchte mit einem Naturjoghurt oder Dickmilch naschen. Wenn selbst die Zeit für einen kleinen Imbiss um die Ecke nicht bleibt, kann das schnelle Mittagessen aus zwei hart gekochten Eiern bestehen, aus 80 g Roastbeef, Rinderschinken, Kalbsbraten oder Bündner Fleisch oder einem halben Hähnchen ohne Haut. Dazu gehören dann immer ein säurereicher Apfel oder eine Orange, eine Birne, eine Tomate oder ein Stück Gurke, Kohlrabi oder eine Möhre zum Knabbern. Statt Fertiggerichte, Tüten und Dosen Selbstgekochtes aus frischen Zutaten genießen.

Fettlieferant Butter

Dieses Naturprodukt ist Fett pur, gilt in der Trennkost als neutral und zählt in meiner neuen Trennkost zur neutralen Gruppe Teil 1. Wegen des hohen Fettgehalts Butter nur in kleinen Mengen genießen und nicht stark erhitzen oder gar braun werden lassen. Wenn Sie Butter zum Kochen verwenden, diese am besten nur schmelzen lassen, bevor Sie das Gargut dazugeben.

Heißhunger auf Süßes

Wenn Sie nicht widerstehen können, stillen Sie am Anfang Ihren Appetit auf Süßigkeiten mit einem kleinen Stückchen Schokolade mit 60–70 % Kakaoanteil. Überlegen Sie sich Alternativen, wenn Sie bei der Trennkost bleiben. Gefrostete Obststückchen, eine vollreife Banane, ein Müsliriegel oder ungeschwefelte Trockenfrüchte, z. B. Rosinen oder Aprikosen – alles gut gekaut – stellt Sie sicher auch zufrieden.

Kaffee und Tee

Kaffee enthält Koffein und Tee Tein – beide Heißgetränke sind daher nicht nur Säurebildner, sondern wie Alkohol Genussmittel und gehören gar nicht oder nur ausnahmsweise auf den Trennkostplan. Malzkaffee, Pfefferminz- oder Rotbuschtee sowie Tee aus Kräutern und Früchten sind dagegen jederzeit ideal.

Marmelade und Gelee

Beide Brotaufstriche werden aus Obst und Zucker hergestellt, in diesem Mix lassen sie sich kaum einer Gruppe zuordnen. Obst enthält zwar kein Eiweiß, wird aber im sauren Milieu verdaut. Der Partner Zucker wird Trennköstlern ohnehin nicht empfohlen und braucht ein basisches Milieu. Ihr Genuss kann Sodbrennen auslösen. Marmeladen aus Heidelbeeren oder Hagebutten mit Honig sind verträglicher. Wer auf einen süßen Aufstrich nicht verzichten kann, nimmt Honig oder legt sich Bananenscheiben oder Würfel von einem mürben Apfel aufs Brot.

Panieren

Zum Panieren von Fisch oder Schnitzel (Eiweiß-gruppe) oder anderen Nahrungsmitteln aus der Eiweißgruppe neutrale Alternativen für Panier-mehl (Kohlenhydratgruppe) ausprobieren. Pro-bieren Sie einmal eine Panade aus Sesamsamen, gemahlenen Nüssen oder Kokosraspeln (neutrale Gruppe) aus. Da Panaden jedoch beim Braten sehr viel Fett aufsaugen, ist Dünsten oder Grillen die gesündere Garmethode.

Salat, Rohkost und Gemüse

Dieses knackige Trio ist Basenbildner, ergänzt Eiweiß- oder Kohlenhydratgerichte und macht satt – entweder als Vorspeise oder leckere Beilage. Sie sollten rund zwei Drittel eines Hauptgerichtes ausmachen. Die Portionen pflanzlicher Nahrungs-mittel sollen in der Trennkost drei- bis viermal größer sein als eine Eiweiß- oder Kohlenhydrat-mahlzeit. Damit tanken Sie nicht nur ausreichend Vitalstoffe, sondern sorgen gleichzeitig für ein gesundes Säuren-Basen-Gleichgewicht.

Salzen und würzen

Achten Sie auf Ihren Salzverbrauch. Höchstens 5 Gramm pro Tag werden empfohlen. Es geht hierbei nicht nur um das Salzen beim Kochen, sondern auch um das Salz in Käse und Wurst. Wenn Salz, dann nur geringe Mengen Meersalz verwenden und mit frischen oder getrockneten Wild- und Gartenkräutern sowie mit Gewürzen experimentieren.

Säurebildner meiden

Den Körper möglichst nicht mit wertlosen Nah-rungsmitteln wie Weißmehl, Weißbrot, Weißmehl-nudeln, poliertem Reis, Sago, weißem Zucker, Süßigkeiten, Marmeladen und Gelees, Fertig-produkte wie Mayonnaise, Tütensuppen oder Fertigsaucen, schwarzem Tee, Kaffee, Kakao,

Essigessenz, Dosen und Fertiggerichten über-säuern. Es gibt reichlich gesunde und wohl schmeckende Alternativen. Die Rezepte in die-sem Buch beweisen es.

Wurst und Brot sind Gegenspieler

Bisher konnten Sie Fleisch (Eiweiß) und Kartoffeln (Kohlenhydrate) oder Brot (Kohlenhydrate) und Wurst (Eiweiß), Getreideflocken und säurereiches Obst gleichzeitig essen. Die Trennkost empfiehlt neue Kombinationen. Lebensmittel aus der Ei-weißgruppe dürfen nach Möglichkeit nicht mit Lebensmitteln aus der Kohlenhydratgruppe kom-biniert werden. Doch die Nahrungsmittel aus der Eiweiß- und Kohlenhydratgruppe dürfen Sie nach Lust und Laune mit der neutralen mixen.

Zucker und Süßstoff

Beide Süßungsmittel haben in der Trennkost nichts zu suchen. Haushaltszucker geht rasch ins Blut über, lässt den Blutzuckerspiegel blitzschnell ansteigen und führt zu viel genossen zu Über-gewicht. Süßstoffe werden nicht nur industriell hergestellt, sondern regen unnötigerweise den Appetit an und schmecken 30- bis 500-mal süßer als Haushaltszucker.

Für die Familie extra kochen?

Da die Trennkost einer vollwertigen Ernährung entspricht und mit ihrem Nahrungsmittelmix für eine ausreichende Versorgung mit Nährstoffen sorgt, kann die ganze Familie mitessen. Beziehen Sie Ihre Familie bei Ihrer Ernährungsumstellung mit ein, machen Sie ihr klar, welche Vorteile die Trennkost hat und dass jeder, der mitmacht, davon profitiert. Wenn das eine oder andere Mitglied das Mitmachen trotzdem verweigert, ist auch das kein Problem. Es essen trotzdem alle mit, weil Sie für die Skeptiker je nach Vorlieben die Eiweiß-mahlzeit mit Beilagen wie Kartoffeln, Reis, Nudeln oder Brot und das Kohlenhydratgericht mit Fleisch, Fisch, Käse oder Ei ergänzen können.

Sind Trennkost und Job vereinbar?

Trennkost lässt sich sehr gut organisieren, auch am Arbeitsplatz, bei Einladungen, im Restaurant oder auf Reisen. Wer mit den Trennregeln und dem Trennplan vertraut ist, kann sich jederzeit ein Trennkostgericht zusammenstellen.

Mit guter Planung kann Trennkost im Job ganz einfach sein. Wenn Sie auch am Arbeitsplatz hin und wieder etwas Besonderes genießen möchten, bereiten Sie Ihr Essen am Vorabend vor: Ob Lunch-paket, Fingerfood, etwas Kaltes oder Warmes, bereiten Sie vor, was Ihnen schmeckt und prak-tikabel erscheint. Neben Obst und Joghurt für die Zwischenmahlzeiten, können Sie hart gekochte Eier, jedoch nicht mehr als drei pro Woche, kalten Braten, eine Frikadelle aus Rinderhackfleisch, ein halbes Hähnche ohne Haut, Käse oder geräu-cherten Fisch an den Arbeitsplatz mitnehmen. Mit Tomate, Möhren oder Kohlrabi zum Knabbern, Gurkenscheiben oder Rettich und Radieschen oder Obst lassen sich diese kleinen Gerichte prima aufpeppen. Das gewohnte Brot oder Brötchen gehört jedoch nicht dazu.

Trennkost – Diät oder Langzeit-ernährung?

Trennkost ist eine Ernährungsempfehlung, bei der es wenig Einschränkungen gibt. Sie dürfen dabei fast alles essen, müssen nur etwas anders kombinieren als bisher. Die Kombinationsmöglich-keiten sind sehr vielfältig, Sie bekommen also von allem etwas, tanken also fast alle lebens-wichtigen Nähr- und Vitalstoffe. Gleichzeitig wird Ihr Körper entgiftet und entsäuert und damit Ihr Säure-Basen-Gleichgewicht hergestellt. Sie neh-men ab, steigern Ihre Selbstheilungskräfte und beugen Krankheiten vor.

Ist der Einstieg jederzeit möglich?

Wenn Ihr Entschluss steht, Ihrer Ernährung einen neuen, gesünderen Kurs zu geben, können Sie jederzeit einsteigen, ohne dass Sie vorher einen Entschlackungs- oder Vorbereitungstag einlegen müssen. Entscheiden Sie selbst, ob Sie sanft mit Ihrer neuen Ernährung beginnen möchten. Wer sich Zeit nehmen und mental einstimmen möchte, beginnt entweder an einem Wochen-ende oder startet mit mit Hilfe der Einsteiger-woche ab Seite 16. Der erste Tag bei der Einstei-gerwoche ist bewusst etwas knapp und einfach gehalten, damit sich Ihr Körper allmählich an das Neue gewöhnen kann.

Ist Trennkost auch für Vegetarier geeignet?

Viele Vegetarier ernähren sich ohnehin bereits trennkostgerecht. Dennoch sollten Sie als Vege-tarier besonders darauf achten, dass die Eiweiß-lieferanten nicht zu kurz kommen. Mit Käse und Milchprodukten können Sie sich gut mit dem Baustoff Eiweiß versorgen. Wenn Sie dabei gleich-zeitig auf die biologische Wertigkeit von pflanz-lichen Nahrungsmitteln achten, bekommt Ihr Körper alles, was er braucht.

Was bedeutet »Fett i. Tr.« bei Käse?

Wenn Sie den absoluten Fettgehalt von einer Käsesorte wissen möchten, müssen Sie entweder rechnen oder in speziellen Fetttabellen nachschlagen. Fett i. Tr. steht meist auf der Packung und gibt das Fett in der Trockenmasse an. Während der Reifezeit und Lagerung nimmt der Wassergehalt im Käse ab, deshalb wird ein fixer Wert anhand der Trockenmasse ermittelt. Zur Berechnung des absoluten Fettgehalts gibt es eine einfache Formel.

Absoluter Fettgehalt = Fett i. Tr. multipliziert mit:
➤ 0,3 bei Weichkäse
➤ 0,4 bei Weichkäse (wie Camembert)
➤ 0,5 bei Schnittkäse (wie Butterkäse)
➤ 0,6 bei Hartkäse (wie Parmesan)

Rechenbeispiel für 100 g Tilsiter (15 % Fett i. Tr.):
15 x 0,5 = 7,5 g Fett absolut in 100 g Käse.

Was tun mit Eiweißresten?

Wenn Eiweiß übrig bleibt, müssen Sie es nicht wegwerfen, sondern können es für eine Haut glättende Gesichtsmaske verwenden. Dafür das Eiweiß mit einer Gabel leicht aufschlagen. Mit einem breiten Pinsel auf die Gesichtshaut auftragen und trocknen lassen. Nach etwa 30 Min. mit warmer Milch und lauwarmem Wasser reinigen. Die Haut fühlt sich glatt und geschmeidig an.

Wer sich lieber mit etwas Süßem verwöhnen möchte, bäckt Baiser auf Vorrat. Den Eiweißrest mit einigen Tropfen Frutilose steif schlagen.

Mit einem Teelöffel kleine Häufchen auf ein mit Backpapier ausgelegtes Blech geben und im Backofen trocknen lassen. Das Baiser auskühlen lassen und zu einem Eiweißdessert servieren.

Was spricht gegen Erdnüsse?

Sie werden in der Trennkost den Hülsenfrüchten zugeordnet und gelten als schwer verdaulich. Verantwortlich dafür sind die Saponine, organische Verbindungen, die zu Völlegefühl und Blähungen führen. Das gilt auch für Erdnussöl, das zudem die Leber belastet. Außerdem enthalten Erdnüsse jede Menge versteckte Fette, die Ihr Fettkonto unnötig belasten.

Welche Nahrungsmittel sind Säurebildner?

Dr. Hay sieht die Gründe für eine Übersäuerung des Körpers darin, dass zu viel Eiweiß sowie zu viel raffinierte und denaturierte Kohlenhydrate aufgenommen werden. Eine Übersäuerung wird vermieden, wenn Sie überwiegend Basenbildner essen. Typische Säurebildner sind:

➤ Stark Säure bildend: Fleisch, Wurst, Fisch, Eier, Käse, Süßwaren, Weißmehlprodukte, Alkohol, Kaffee.

➤ Schwach Säure bildend: Quark, Nüsse, Vollkornprodukte.

➤ Typische Basenbildner sind: Gemüse, Salate, Rohkost, Obst, Kartoffeln.

Tipps für den Basisvorrat

Prüfen Sie Ihren Grundvorrat, bevor Sie mit der Einsteigerwoche beginnen und kaufen Sie nach, was fehlt bzw. was Sie für die Trennkost unbedingt brauchen. Getreide und Getreideprodukte, Samen und Nüsse, Gewürze und Würzmittel sowie gesunde Öle sollten immer vorrätig sein. Denn mit einem gut sortierten Vorrat sparen Sie viel Zeit.

Trockenvorrat

Vollkornnudeln (Spaghetti, Makkaroni, Tagliatelle), Naturreis, Hirse, mittelfeiner Grünkernschrot, Trockenobst (Rosinen, Aprikosen), kernige Haferflocken oder Getreideflocken, Bulgur, Weizenvollkornmehl, Vollkornsemmelbrösel, Mandeln und Haselnusskerne (gehackt und gemahlen), Walnusskerne, Kokosraspel, Sesamsamen, Kürbis- und Sonnenblumenkerne.

Salz und Gewürze

Anispulver, Chilipulver, Currypulver, Fünf-Gewürz-Pulver, Ingwerpulver, Kerbel, Kreuzkümmel, Kräuter im Topf, z. B. Basilikum, Minze, Rosmarin, Schnittlauch, Thymian, Kurkuma, Majoran, Mandelaroma, Meersalz, edelsüßes Paprikapulver, Pfefferkörner, Rosmarin, Safranpulver, Thymian, Vanillepulver, vegetarische Gemüsebrühe (Instant) Vanillestange.

Aceto balsamico, Meerrettich (aus dem Glas), Obstessig, Rotweinessig, Sambal oelek, Senf, Sojasauce, Tabasco, Worcestersauce.

Süßungsmittel

Agavendicksaft, Ahornsirup, Birnendicksaft, Frutilose oder Honig.

Milch, Eier, Fett

Milch, gesäuerte Milchprodukte (z. B. Joghurt, Dickmilch, Kefir, Buttermilch, Schmand, Crème fraîche), neutrale Käsesorte am Anfang der Woche frisch kaufen.

Frische Eier (Freilandhaltung).

Butter, kaltgepresste Öle (Sonnenblumen-, Oliven-, Walnuss- und Sesamöl), ungehärtetes Kokosfett sowie Soja Creme aus dem Reformhaus.

TK-Produkte

Kräuter und Kräutermischungen, Garnelen, diverse Gemüse nach Belieben (z. B. Blattspinat, Mais). Die Gemüsesorten ohne Fettzugabe auswählen.

Sonstiges

Kleine Holzspießchen, Schaschlikspieße, Rotbuschtee, Früchte- und Kräutertee zum Abwechseln, Rot- und Weißwein zum Kochen.

Naturbelassene Produkte einkaufen

Frische Produkte oder Extras, die Sie in der Einsteigerwoche brauchen, stehen auf der Einkaufsliste auf Seite 17. Danach legen Sie am besten wöchentlich fest, was Sie täglich kochen möchten und richten Ihre Einkäufe nach dem Speisezettel. Je nach Familiengröße reicht einmal pro Woche ein Großeinkauf. Die weniger haltbaren Produkte müssen Sie dann alle zwei Tage besorgen.

Orientieren Sie sich beim Kauf von Obst, Gemüse und Salat am saisonalen Angebot und bevorzugen Sie Produkte aus Ihrer Region.

Nutzen Sie den Ab-Hof-Verkauf in Ihrer Nähe oder das mittlerweile große Angebot der Biobauern auf den Wochenmärkten. Bio-Produkte können Sie sich bei Bedarf auch ins Haus bringen lassen. Einige Bauernhöfe liefern sogar günstige Abokisten mit frischem Obst und Gemüse.

Fett sparen

Dämpfen, Dünsten und Braten in beschichteten Pfannen, Schmoren, Grillen und das Garen im Wok sind Fett sparende sowie Vitamin schonende Garmethoden.

Pro Salatportion genügt 1 Teelöffel Öl, am besten kaltgepresstes, es schmeckt intensiver und ist sparsam im Verbrauch. Wählen Sie Oliven- oder Rapsöl zum Kochen, denn diese haben eine günstige Fettsäurenzusammensetzung.

Statt Sahne oder Crème fraîche runden Buttermilch, Kefir, Joghurt oder Dickmilch Bratensaucen ab. Die mageren Alternativen am besten mit 3 Esslöffeln heißer Sauce anrühren, dann unter die heiße Sauce mischen und nicht mehr kochen lassen, damit sie nicht gerinnt.

Sämige Saucen

Schmoren oder dünsten Sie beim Braten von Fleisch viel frisches Gemüse mit. Nach dem Garen das Fleisch herausnehmen und warm halten, dann das Gemüse fein pürieren und unter den Saucenfond ruhren. Auch pflanzliche Bindemittel aus dem Reformhaus oder Bioladen eignen sich zum Binden. Ideal sind Johannisbrotkern- oder Guarkernmehl. Verwenden Sie pro Portion nur eine Messerspitze.

Garen im Tontopf

Gemüse, Fleisch und Fisch lassen sich im Tontopf schonend garen. Durch das langsame Garen können sich die Aromen der frischen Produkte besonders gut entfalten. Gegart wird ohne Fett, mit wenig Flüssigkeit und Gewürzen. Den Tontopf zuvor in kaltem Wasser wässern, die vorbereiteten Zutaten einschichten, Deckel auflegen und in den kalten Backofen stellen. Die Zutaten bei mittleren Temperaturen garen.

Garen in »Verpackungen«

Gemüse, Fleisch und Fisch lassen sich in Alufolie, Bratschlauch oder Pergament im eigenen Saft dämpfen und dünsten. Form und Aroma bleiben dabei erhalten, zudem können Fett und Salz eingespart werden.

Alufolie: Das Gargut auf die glänzende, leicht mit Öl eingepinselte Seite legen, gut verschließen und in den vorgeheizten Backofen geben.

Bratschlauch: Er besteht aus einem hauchdünnen, transparenten Material, das Temperaturen bis zu 220° verträgt. Das Gargut würzen und mit etwas Flüssigkeit in den Schlauch geben, dann mit einem Clip fest verschließen. Auf der Oberseite mehrmals einstechen, damit der Dampf beim Garen entweichen kann.

Pergament: Ein ausreichend großes Stück Pergament dick mit Öl oder Butter einstreichen, damit es im Backofen nicht aufweicht. Zartes wie Gemüse, Fisch und Meeresfrüchte darin einwickeln und im vorgeheizten Backofen garen.

Kombinieren Sie Lebensmittel aus der neutralen Gruppe mit Lebensmitteln aus der Eiweiß- oder Kohlenhydratgruppe.

Neutrale Gruppe Teil 1

Diese Nahrungsmittel sparsam verwenden.

Fette
Kaltgepresste Öle, Butter, ungehärtete Margarine und Plattenfette.

Gesäuerte Milchprodukte
Buttermilch, Dickmilch, Joghurt, Kefir, Quark (20 % Fett i. Tr.), saure Sahne.

Sahne, Creme fraîche, Kaffeesahne.

Sojaerzeugnisse
Soja Creme, Soja cremig neutral, Soja Dream.

Käse
Alle Sorten aus naturbelassener roher Milch, die unter Zusatz von Säurebakterien gesäuert werden.

Luftgetrocknete oder roh geräucherte Wurstwaren
Bündner Fleisch, Debrecziner, Lachsschinken, roher Schinken, Salami.

Rohes Fleisch
Tatar (rohes Fleisch nur ganz frisch und nicht zu häufig verzehren).

Rohe, marinierte oder geräucherte Fischsorten
Gebeizter Lachs, geräucherter Aal, Bückling, Heilbutt, geräucherte Forelle und Makrele, Matjeshering, Räucherlachs, Schillerlocken.

Nüsse und Samen
Haselnusskerne, Mandeln, Walnusskerne, Pinienkerne (Erdnüsse meiden, sie sind schwer verdaulich), Kokosnuss, Kürbiskerne, Sonnenblumenkerne, Sesamsamen.

Essigersatz
Vergorenes Molkekonzentrat (Molkosan), Obstessig, Brottrunk.

Klare hochprozentige Spirituosen
Klarer Obstbrand, Korn, Wacholder.

Sonstiges
Ungeschwefelte Rosinen, Oliven, Eigelb, Hefe, Gemüsebrühe.

Neutrale Gruppe Teil 2

Diese Nahrungsmittel unbegrenzt verwenden.

Gemüsesorten
Auberginen, Artischocken, Avocados, Brokkoli, Blumenkohl, grüne Bohnen, Chicorée, Chinakohl, grüne Erbsen, Fenchel, Grünkohl, Gurken, Knollensellerie, Kohlrabi, Kohlrübe (Steckrübe), Kürbis, Lauch, frischer Mais, Mangold, Melonen, Möhren, Okra, Palmherzen, Paprikaschoten, Peperoni, Spargel, Spinat, Spitzkohl, Staudensellerie, Radieschen, Rettich, Rote Beten, Rosenkohl, rohe Tomaten, Topinambur, Rotkohl, Sauerkraut, Suppengrün, Schwarzwurzeln, Wachsbohnen, Weißkohl, Wirsing, Zucchini, frischer Zuckermais.

Frühlingszwiebeln, Knoblauch, Pfefferschoten, Schalotten, Zwiebeln.

Blattsalate
Bataviasalat, Endiviensalat, Eichblattsalat, Eisbergsalat, Feldsalat, Friséesalat, Kopfsalat, Lollo rosso, Lollo biondo, Rucola, Radicchio, Römischer Salat.

Pilze
Austernpilze, Champignons, Egerlinge, Hallimasch, Morcheln, Pfifferlinge, Rotkappen, Shiitake-Pilze, Steinpilze und andere Waldpilze, Trüffel.

Sprossen und Keime
Alfalfasprossen, Mungobohnensprossen, Radieschensprossen, Kichererbsenkeimlinge und andere Sprossen und Keimlinge.

Geliermittel
Agar-Agar (pulverisierte Meeresalge), Gelatine (tierisches Produkt), pflanzliche Bindemittel aus Johannisbrotkernmehl (Reformhaus).

Sonstiges
Frische Kokosmilch, Gewürze (Meerrettich, Pfeffer, Senf), Heidelbeeren, Kräuter, Kräutertees, Kresse, Malzkaffee, Naturmolke, Zitrusschalen.

Eiweißgruppe

Nur mit Nahrungsmitteln aus der neutralen Gruppe kombinieren.

Gegarte Fleischsorten
Bratenfleisch, Filet, gegartes Geflügel (z. B. Hähnchenbrustfilet, Putenschnitzel, Putenbrust, Ente, Gans), Gulasch, Hackfleisch, Lammbraten, Lammkotelett, mageres Suppenfleisch, Sauerbraten, Steaks, Tafelspitz, Rouladen.

Gegarte Fischsorten
Aal, Forelle, Heilbutt, Kabeljau, Karpfen, Lachs, Makrele, Rotbarsch, Sardinen, Schellfisch, Scholle, Seezunge, Seelachs, Sprotten, Steinbutt, Tintenfisch (Sepia), Tunfisch, Viktoriabarschfilet, Zander.

Obstsorten
Aprikosen, Birnen, Brombeeren, Erdbeeren, frische saftige Äpfel, Himbeeren, Holunderbeeren, Johannisbeeren, Kirschen, Mirabellen, Nektarinen, Pfirsiche, Pflaumen, Quitten, Reineclauden, Rhabarber, Sauerkirschen, Stachelbeeren, Weintrauben.

Zitrusfrüchte
Clementinen, Grapefruit, Limetten, Mandarine, Orangen, Zitronen.

Exotische Früchte
Ananas, Granatapfel, Guave, Kaki, Kumquats, Kiwi, Litschi, Mango, Papaya, Passionsfrüchte.

Eier, Milch und Käse
Vollei, Eiklar, alle Trinkmilchsorten, Käse bis 45 % Fett i.Tr., z. B. Edamer, Gouda, Tilsiter; Käse bis 60 % Fett i. Tr.; z. B. Allgäuer Bergkäse, Bel Paese, Cheddar, Chester, Esrom, Gorgonzola, Pecorino, Steppenkäse, Trappistenkäse.

Sojaprodukte
Tofu, Sojafleisch.

Getränke
Apfelwein, Obstsäfte, herber Weiß-, Rot- und Roséwein, trockener Sekt.

Sonstiges
Gekochte Tomaten, Aceto balsamico, Himbeeressig.

Kohlenhydratgruppe

Nur mit Nahrungsmitteln aus der neutralen Gruppe kombinieren.

Getreide
Amaranth, Buchweizen, Bulgur, Gerste, Grünkern, Dinkel, Hafer, Hirse, Quinoa, Roggen, Weizen.

Getreideprodukte
Getreideflocken, Vollkornbrot und -brötchen, Kuchen und Gebäck aus Vollkornmehl, Vollkornnudeln (ersatzweise Pasta aus Hartweizengrieß ohne Ei), Naturreis (z. B. Rundkorn-Naturreis, Basmati-Naturreis, parboiled Vollkornreis).

Süßungsmittel
Agavendicksaft, Ahornsirup, Apfeldicksaft, Birnendicksaft, Frutilose, Honig.

Sonstiges
Kartoffelstärke, Bier.

Einsteigerwoche für jeden

Die neue Trennkost ist so gesund, dass sie zu jedem passt, der mehr für seine Vitalität und sein Wohlgefühl tun möchte. Kalorien zählen und spezielles Diätkochen ist überflüssig – es kommt nur auf die richtige Auswahl und Kombination der Nahrungsmittel an.

Bevor Sie starten, nehmen Sie Ihre bisherigen Ernährungsgewohnheiten einmal kritisch unter die Lupe. Fragen Sie sich: Wie gestalte ich meine täglichen Mahlzeiten? Wie oft und in welchen Mengen esse ich Obst und Gemüse? Greife ich mittags meistens zu Fastfood und nachmittags eher zu einem Schoko- riegel? Wie fühle ich mich nach dem Essen, bin ich danach müde und schlapp oder leide ich unter Sod- brennen und Völlegefühl? Wenn Ihre Bilanz mit vielen Minuspunkten wie diesen endet, liegen Sie richtig mit Ihrem Plan, auf Trennkost umzusteigen.

Machen Sie sich gut mit den Trennregeln vertraut, damit Sie alle Lebensmittel blitzschnell in die Gruppen ■ Neutral, ■ Eiweiß und ■ Kohlenhydrate einordnen können. Denn Eiweiß und Kohlenhydrate sollten möglichst nicht miteinander kombiniert werden, neutrale Mahlzeiten passen dagegen immer. Mit diesem Basiswissen werden Sie schnell erkennen, dass nichts an der Trennkost kompliziert ist.

Der Wochenplan der Einsteigerwoche

Legen Sie sich einen trennkostgerechten Vorrat (Seite 12) an bzw. prüfen Sie Ihren Grundvorrat und füllen Sie auf, was fehlt. Der Start in die Einsteigerwoche ist eine gute Gelegenheit, den Grundvorrat aufzustocken. Planen Sie Ihre Einkäufe so, dass Sie nicht täglich einkaufen müssen. Die Einkaufsliste auf dieser Seite hilft Ihnen bei der Planung.

Kleines Trennkost-1 x 1

Einige Zuordnungen von Lebensmitteln im Trennplan erscheinen Einsteigern oft als widersprüchlich, doch sie beruhen auf langjährigen Erfahrungen und haben sich in der Praxis bewährt – und diese feinen Unterschiede sollten Sie sich unbedingt merken.

Gesäuerte Milchprodukte sind eiweißreich, gelten in der Trennkost jedoch als neutral, weil die Eiweißstrukturen durch die Säuerung so verändert werden, dass sie leichter verdaulich sind. Gleiches gilt für rohes Fleisch und rohen Fisch. Bei Tomaten spielt die Art der Verarbeitung ein Rolle. Roh schmecken sie süßlich und gehören zur neutralen Gruppe. Gekocht, also als Sauce oder Suppe, sind sie sauer im Geschmack und werden daher der Eiweißgruppe zugeordnet. Getrocknet zählen Tomaten zur Kohlenhydratgruppe. Frisch geerntete Äpfel mit viel Fruchtsäure gehören zur Eiweißgruppe. Derselbe Apfel zählt zur Kohlenhydratgruppe, wenn er abgelagert und mürbe ist. Essig ist zwar nicht verboten, wird aber nur in kleinen Mengen empfohlen, weil er zu den stark Säure bildenden Nahrungsmitteln gehört.

	1. Tag	2. Tag	3. Tag	4. Tag	5. Tag	6. Tag	7. Tag
Frühstück	Obstfrühstück	Fitmacher-Quark	Salamibrot mit Kresse	Mango mit Roquefort	Kerniges Knuspermüsli	Körnerbrötchen mit Paprikaquark	Schinkenbrot mit Radieschen
Erste Zwischenmahlzeit	Melone mit Fruchtsauce	Rotbusch-Orangentee, Obst	Kefir-Karotten-Drink	Chicorée-Mandarinen-Salat	Apfelmilch	Orangenfilets mit Mascarpone	Garnelen-Tapas
Mittagessen	Tomaten-Paprika-Suppe mit Schafkäse	Überbackene Käsekartoffeln mit Rosenkohl	Putenbrust mit Gemüse-Currysauce	Salatteller mit Ziegenkäse-Dressing	Paniertes Schollenfilet mit Eisberg-Kraut-Salat	Wurstsalat mit Paprika	Lammragout
Zweite Zwischenmahlzeit	Bananensalat	Frischkäse-Datteln	Trockenfrüchte	Tomaten-Bruschetta	Salami-Paprika-quark-Snack	Mozzarella-Sandwich	Schafkäse-Snack
Abendessen	Geflügelsalat t	Spaghetti mit Knoblauch-Sahnesauce	Gemüse mit Reis	Cevapcici mit Gemüse	Makkaroni mit Gemüse	Bulgurpfanne mit Gurken-Melonen-Salat	Zucchini mit Pumpernickeltaler

1. Tag

Obst für die ganze Woche, 1 Ingwerknolle, 5 Tomaten, 1 grüne, je 2 rote und gelbe Paprikaschoten, 8 Zwiebeln, 1 milde rote Zwiebel, 1 Knoblauch, 1 rote Chilischote, 1/2 Knollensellerie, je 1/2 Frisée und Radicchio, 50 g Feldsalat, 300 g Möhren, 600 g Rosenkohl, 1 kleiner Chinakohl, 1/2 Kästchen Kresse, 50 g Mungosprossen, 2 Stangen Lauch, 1 kleiner Blumenkohl, 2 Zitronen, Kräuter, 400 g Kartoffeln, 6 Datteln, 150 ml Möhrensaft, 400 g Sahne, 200 g saure Sahne, 450 g Joghurt, 500 g Kefir, Kräuter-Creme-fraîche, 250 g Quark, 180 g Schafkäse, 60 g Emmentaler, 100 g Original Parmesan, 200 g Frischkäse, 300 g Hähnchenbrustfilet

3. Tag

je 1 Chicorée, Eichblatt- und Bataviasalat, 1/2 Eisbergsalat, 100 g Löwenzahn, 1 Bund Radieschen, 100 g Champignons, 1 Aubergine, 1 Zucchino, 12 Tomaten, 1 Frühlingszwiebel, je 2 rote und gelbe Paprikaschoten, 1 Fenchelknolle, 2 Stangen Staudensellerie, 250 g Weißkohl, 300 g Putenbrustfilet, 6 Scheiben Salami, 150 g Rinderschinken, 50 g Roquefort, 100 g Ziegenkäse, 750 g Quark, 350 ml Milch, Kapern, Apfelsaft, 5 Eier

4. Tag

100 g Rinderhackfleisch, 400 g Schollenfilets

6. Tag

Vollkornbrot und -brötchen, Pumpernickeltaler, 100 g Mascarpone, 125 g Mozzarella, 200 g Geflügelfleischwurst, 300 g Lammfleisch, 12 große gegarte Garnelen, 2 geräucherte Forellenfilets, 40 g getrocknete, in Öl eingelegte Tomaten, Gemüse und Kräuter

Einsteigerwoche für jeden

 Frühstück

Obstfrühstück

Obst der Saison – so viel, wie Sie vertragen, z. B. Äpfel, Birnen, Pfirsiche, Erdbeeren, Ananas, Orangen, Mandarinen, Kiwi oder Ihre Lieblingssorten je nach Saison

1 Das Obst waschen, putzen, eventuell schälen und nach Belieben in mundgerechte Stücke schneiden.

➤ *Diese Obstsorten zählen zur Gruppe der eiweißreichen Lebensmittel und sollten nicht mit Bananen, Datteln oder Feigen kombiniert werden, denn sie gehören zur Gruppe der überwiegend kohlenhydratreichen Lebensmittel.*

 Zwischenmahlzeit

Melone mit Fruchtsauce

Zubereitungszeit: 15 Min.
Für 2 Personen (pro Portion ca. 125 kcal)

1/2 Netzmelone, 125 g Beeren z. B. Erd-, Him- oder Brombeeren), 1 EL Ahornsirup

1 Melone von den Kernen befreien. Das Fruchtfleisch mit einem Kugelausstecher herauslösen. Erdbeeren waschen und putzen. Mit Ahornsirup pürieren. Das Erdbeerpüree auf zwei Teller geben und die Melonenkugeln darauf verteilen.

 Mittagessen

Tomaten-Paprika-Suppe mit Schafkäse

Zubereitungszeit: 25 Min.
Für 2 Personen (pro Portion ca. 190 kcal)

4 reife Tomaten, je 1 rote und grüne Paprikaschote, 1 Zwiebel, 1 Knoblauchzehe, 1 kleine rote Chilischote, 1 TL Olivenöl, 2 EL Tomatenmark, 300 ml Gemüsebrühe, 80 g Schafkäse, je 1 TL getrockneter Rosmarin und Thymian, 1 Msp. Chilipulver

1 Die Stielansätze der Tomaten entfernen. Tomaten überbrühen, häuten und klein würfeln.

2 Paprikaschoten halbieren, putzen, waschen und klein würfeln. Zwiebel und Knoblauch schälen, beides fein würfeln. Die Chilischote waschen.

3 Das Öl in einem Topf erhitzen. Zwiebel und Knoblauch darin bei schwacher Hitze glasig werden lassen. Die ganze Chilischote, Tomaten- und Paprikawürfel zugeben und 5 Min. dünsten.

4 Tomatenmark mit Brühe verrühren und dazugießen. Chilischote entfernen, die Suppe zugedeckt bei schwacher Hitze 15 Min. köcheln lassen.

5 Inzwischen den Schafkäse in kleine Würfel schneiden oder mit der Gabel zerdrücken. Mit Rosmarin, Thymian und Chilipulver würzen.

6 Die Suppe anrichten. Den Schafkäse jeweils in die Mitte geben, sofort servieren.

Zwischenmahlzeit

Bananensalat

Zubereitungszeit: 25 Min.
Für 2 Personen (pro Portion ca. 205 kcal)

1 Banane, 1 mürber Apfel, 1 Stück frischer Ingwer (etwa haselnussgroß), 2 EL Sahne, 150 g Joghurt, 1 1/2 EL Ahornsirup, Koriander

1 Banane schälen und in Scheiben schneiden. Apfel waschen, vierteln, entkernen und klein würfeln. Ingwer schälen und fein würfeln. Banane und Apfel mischen und anrichten.

2 Sahne halbsteif schlagen. Joghurt mit Ahornsirup und 1 Msp. Koriander verrühren, die Sahne unterziehen. Über die Früchte geben, mit Ingwer und 1 Prise Koriander bestreuen.

Abendessen

Geflügelsalat

Zubereitungszeit: 40 Min.
Für 2 Personen (pro Portion ca. 375 kcal)

1/2 Knollensellerie (ca. 350 g), Meersalz, 300 g Hähnchenbrustfilet, 3 Mandarinen, 6 Walnusskernhälften, 1/2 Friséesalat, 1/2 Radicchio, 50 g Feldsalat, 1 Möhre, 150 g Joghurt, 50 g saure Sahne, 3 EL Fleischbrühe, 2–3 TL Currypulver, einige Spritzer Worcestersauce, 1 EL Ketchup

1 Sellerie schälen und klein würfeln. Salzwasser zum Kochen bringen und die Selleriewürfel darin in 5–6 Min. bissfest garen. Herausnehmen, kalt abschrecken und abkühlen lassen.

2 Salzwasser zum Kochen bringen, das Fleisch darin 30 Min. köcheln lassen. Herausnehmen und abkühlen lassen.

3 Fleisch klein würfeln. 2 Mandarinen schälen und klein schneiden. Die Nüsse grob hacken.

4 Den Salat putzen, waschen und trockenschleudern. Die Möhre putzen, schälen und klein würfeln. Salat und Möhre mischen und auf zwei Teller verteilen.

5 Saft der übrigen Mandarine auspressen. Mit Joghurt, saurer Sahne, Brühe, Currypulver, Worcestersauce und Ketchup verrühren. Mit Salz würzen. Sellerie, Fleisch und Mandarinen untermischen. Auf dem gemischten Salat anrichten und mit Nüssen bestreut servieren.

Variante
Den Salat können Sie auch mit einem Dressing anmachen. Dafür 1 Schalotte schälen und fein würfeln. 5 Zweige Kerbel waschen und hacken. 1 EL Aceto balsamico, 1 EL naturreiner Apfelsaft und Meersalz verrühren. 1 EL Walnussöl unterschlagen. Schalotte und Kerbel unterrühren.

 Frühstück

Fitmacher-Quark

Zubereitungszeit: 15 Min.
Für 2 Personen (pro Portion ca. 225 kcal)

2 EL Rosinen, 50 g Mungobohnensprossen, 250 g Quark (20 % Fett i. Tr.), 2 EL Mineralwasser, 1 TL Honig, 1 EL gehackte Mandeln

1 Rosinen überbrühen und 5 Min. ziehen lassen. Sprossen waschen und abtropfen lassen.

2 Quark und Mineralwasser cremig verrühren. Die Rosinen abtropfen lassen, mit Honig und Mandeln unterrühren. Mit Sprossen garnieren.

 Zwischenmahlzeit

Rotbusch-Orangentee

Zubereitungszeit: 15 Min.
Für 2 Personen (pro Portion ca. 50 kcal)

2 TL Rotbuschtee, 1 Blutorange, 2 TL Honig

1 Den Tee mit 300 ml kochendem Wasser überbrühen, 3 Min. ziehen und leicht abkühlen lassen. Die Orange halbieren, 1 dünne Scheibe abschneiden und beiseite legen. Den Saft auspressen. Mit Honig unter den Tee rühren. In Gläser füllen. Orangenscheibe halbieren und die Hälften jeweils an den Glasrand stecken.

➤ *Essen Sie ein Stück Obst der Saison dazu.*

 Mittagessen

Überbackene Käsekartoffeln mit Rosenkohl

Zubereitungszeit: 40 Min.
Backzeit: ca. 15 Min.
Für 2 Personen (pro Portion ca. 440 kcal)

400 g Kartoffeln, 600 g Rosenkohl, Meersalz, 1/2 Bund Schnittlauch, 3 EL Sahne, Salz, Pfeffer, Muskatnuss, frisch gerieben, 2 EL Mandelblättchen, 60 g Emmentaler, Butter für die Form

1 Die Kartoffeln mit Schale in 25 Min. garen, dann abgießen und kurz abkühlen lassen.

2 Inzwischen den Rosenkohl waschen, putzen und in wenig Salzwasser in 8 Min. bissfest garen. Den Rosenkohl herausnehmen und abtropfen lassen. Den Schnittlauch waschen, trockenschütteln und in Röllchen schneiden.

3 Den Backofen auf 200° vorheizen. Die Kartoffeln mit Schale längs halbieren. Die Kartoffelhälften mit einem Löffel aushöhlen, so dass etwa ein 1 1/2 cm breiter Rand bleibt.

4 Für die Füllung die ausgelöste Kartoffelmasse mit einer Gabel zerdrücken. Mit Sahne und 2 EL Wasser verrühren und mit Salz, Pfeffer und Muskat kräftig würzen. Schnittlauch und Mandeln untermischen. Die Kartoffelhälften mit der Masse füllen.

5 Eine mittelgroße Auflaufform mit etwas Butter einfetten. Den Käse reiben. Den Rosenkohl in die Form geben und die Kartoffelhälften darauf setzen. Alles mit Muskat würzen und mit Käse bestreuen. Im Backofen (Mitte, Umluft 180°) in 15 Min. goldgelb überbacken.

Zwischenmahlzeit

Frischkäse-Datteln

Zubereitungszeit: 5 Min.
Für 2 Personen (pro Portion ca. 185 kcal)

6 frische oder getrocknete Datteln, 6 TL Frischkäse, 6 Walnusskernhälften

1 Die Datteln längs halbieren, entkernen, die Hälften mit Frischkäse füllen und mit den Nüssen garnieren. Die Frischkäse-Datteln mit Partysticker oder in Pralinenhüllen servieren.

Abendessen

Spaghetti mit Knoblauch-Sahnesauce

Zubereitungszeit: 25 Min.
Für 2 Personen (pro Portion ca. 560 kcal)

1 kleiner Chinakohl, 1 Zwiebel, 4 Knoblauchzehen, 1/2 Bund Schnittlauch, 2 Zweige Majoran, Meersalz, 160 g Vollkornspaghetti, 1 EL Obstessig, 1 TL Frutilose, 2 EL Olivenöl, 80 g Sahne, 1–2 TL Sambal oelek, 2 EL frisch geriebener Parmesan, schwarzer Pfeffer

1 Den Chinakohl putzen, in Streifen schneiden, waschen und trockenschleudern. Zwiebel und Knoblauch schälen. Zwiebel würfeln und Knoblauch in Scheiben schneiden. Schnittlauch und Majoran waschen und trockenschütteln. Schnittlauch in Röllchen schneiden und Majoranblättchen von den Stielen zupfen.

2 Reichlich leicht gesalzenes Wasser in einem Topf zum Kochen bringen. Die Spaghetti zugeben und nach Packungsangaben bissfest garen.

3 Für das Dressing Obstessig, 5 EL Wasser, Salz und Frutilose verrühren, 1 EL Öl unterschlagen. Den Schnittlauch unterrühren.

4 Das restliche Öl erhitzen und die Knoblauchscheiben darin bei schwacher Hitze glasig werden lassen. Die Sahne mit 6 EL heißem Nudelwasser verrühren und mit Majoran, Sambal oelek und Parmesan unterrühren. Die Sauce mit Salz und Pfeffer würzen.

5 Den Salat auf zwei Tellern anrichten und mit dem Dressing beträufeln. Die Spaghetti in ein Sieb abgießen, abtropfen lassen und mit der Sauce vermischen. Die Spaghetti anrichten und mit dem Salat servieren.

Einsteigerwoche für jeden

 Frühstück

Salamibrot mit Kresse

Zubereitungszeit: 10 Min.
Für 2 Personen (pro Portion ca.270 kcal)

1 Tomate, 2 Scheiben Vollkornbrot,
1 EL Kräuter-Crème-fraîche, 1/2 Kästchen
Gartenkresse, 60 g Salami

1 Tomate waschen und ohne Stielansatz in Scheiben schneiden. Das Brot dünn mit Crème fraîche bestreichen und mit den Tomatenscheiben belegen. Die Kresse vom Beet schneiden und auf den Tomaten verteilen. Die Salamischeiben zu Tütchen drehen und darauf legen.

 Zwischenmahlzeit

Kefir-Karotten-Drink

Zubereitungszeit: 10 Min.
Für 2 Personen (pro Portion ca. 140 kcal)

1 kleiner säuerlicher Apfel, 1 TL Zitronensaft,
1 kleine Möhre, 150 ml Möhrensaft, 2 TL Honig,
250 g Kefir

1 Den Apfel waschen, vierteln, entkernen, in grobe Spalten schneiden und mit Zitronensaft beträufeln. Die Möhre schälen und würfeln. Apfel, Möhre, Möhrensaft, Honig und Kefir im Mixer fein pürieren und kalt stellen. In großen Gläsern servieren.

 Mittagessen

Putenbrust mit Gemüse-Currysauce

Zubereitungszeit: 20 Min.
Garzeit: 1 Std. 20 Min.
Für 2 Personen (pro Portion ca. 350 kcal)

2 Stangen Lauch, 2 säuerliche Äpfel,
1 große Zwiebel, 2 gelbe Paprikaschoten,
300 g Putenbrustfilet, 80 ml trockener Weißwein,
220 ml Gemüsebrühe, 4 TL Currypulver,
Meersalz, 1 Msp. Cayennepfeffer,
1 Bund Kerbel, 2 EL saure Sahne

1 Einen Tontopf einschließlich Deckel mindestens 20 Min. in kaltem Wasser wässern.

2 Inzwischen den Lauch putzen, längs aufschneiden, gründlich waschen und in schmale Streifen schneiden. Die Äpfel waschen, vierteln, entkernen und in Spalten schneiden. Die Zwiebel schälen, halbieren und in dünne Streifen schneiden. Die Paprikaschoten halbieren, putzen, waschen und in Würfel schneiden. Das Fleisch grob würfeln.

3 Den Lauch in den Tontopf geben, die Apfel-spalten und Zwiebelstreifen darauf verteilen. Die Fleisch- und die Paprikawürfel dazugeben.

4 Wein mit der Brühe mischen, mit Curry, Salz und Cayennepfeffer kräftig würzen und über das Gemüse gießen. Den Deckel auflegen und den Tontopf auf den Rost in den kalten Back-ofen (unten) stellen. Das Fleisch erst 5 Min. bei 80°, dann bei 250° 1 Std. 15 Min. garen.

5 Kurz vor dem Ende der Garzeit den Kerbel waschen, trockenschütteln und die Blättchen von den Stielen zupfen. Das Fleisch heraus-nehmen, die saure Sahne glatt verrühren und unter das Gemüse ziehen, eventuell mit Salz abschmecken. Das Fleisch wieder zugeben und mit Kerbel bestreut servieren.

 Zwischenmahlzeit

Trockenfrüchte

Jeweils 5 getrocknete, ungeschwefelte Aprikosen oder nach Belieben je 1 Banane

 **Abendessen**

Gemüse mit Reis

Zubereitungszeit: 40 Min.
Für 2 Personen (pro Portion ca. 425 kcal)

1 Zwiebel, 1 große grüne Paprikaschote, 300 g Blumenkohl, 200 g Möhren, 1 EL Oliven-öl, 125 g parboiled Vollkornreis, Meersalz, Pfeffer, 1 Msp. Chilipulver, 1 TL Currypulver, 300 ml Gemüsebrühe, 100 g Erbsen (tiefgekühlt), 1 EL Crème fraîche

1 Die Zwiebel schälen und würfeln. Die Paprika-schote halbieren, putzen, waschen und in Würfel schneiden. Den Blumenkohl putzen, waschen und in sehr kleine Röschen teilen. Die Möhren putzen, schälen und in dünne Scheiben hobeln.

2 Das Öl in einer großen Pfanne mit Deckel erhitzen. Die Zwiebel darin bei schwacher Hitze glasig werden lassen.

3 Den Reis zugeben und anbraten, bis er eben-falls glasig ist. Blumenkohlröschen und Möh-renscheiben unterrühren. Mit Salz, Pfeffer, Chilipulver und Curry würzen.

4 Die Brühe dazugießen, alles aufkochen lassen und zugedeckt bei schwacher Hitze 15 Min. köcheln lassen. Die Erbsen unaufgetaut unter-mischen und 5 Min. mitgaren, eventuell noch etwas Wasser angießen.

5 Den Gemüsereis mit Salz und Currypulver abschmecken und die Crème fraîche unterrüh-ren. Auf zwei Teller verteilen und servieren.

Frühstück

Mango mit Roquefort

Zubereitungszeit: 15 Min.
Für 2 Personen (pro Portion ca. 330 kcal)

**1 große, reife Mango, 50 g Roquefort,
6 EL naturreiner Apfelsaft, 250 g Quark
(20 % Fett i. Tr.), 8 Haselnusskerne**

1 Mango schälen und das Fruchtfleisch am
Stein entlang in dünne Scheiben abschnei-
den. Roquefort mit einer Gabel zerdrücken.
Mit Apfelsaft und Quark glatt verrühren.

2 Nüsse grob hacken und goldbraun rösten.
Mango mit der Roquefortcreme auf zwei
Tellern anrichten und mit Nüssen bestreuen.

 Zwischenmahlzeit

Chicorée-Mandarinen-Salat

Zubereitungszeit: 15 Min.
Für 2 Personen (pro Portion ca. 170 kcal)

**1 Chicorée, 4 Mandarinen, 125 g Quark
(20 % Fett i. Tr.), Meersalz, 1 Msp. Chilipulver,
1 EL Mandelblättchen**

1 Chicorée waschen, putzen, vierteln, den mittleren Strunk keilförmig herausschneiden.
Die Viertel in Streifen schneiden. 2 Mandarinen schälen, in Spalten teilen und mit Chicorée mischen.

2 Den Saft der übrigen Mandarinen auspressen.
Den Mandarinensaft mit Quark verrühren. Den
Quark mit Salz und Chili kräftig würzen. Den
Salat mit dem Dressing anmachen, anrichten
und mit Mandelblättchen bestreut servieren.

 **Mittagessen**

Salatteller mit
Ziegenkäse-Dressing

Zubereitungszeit: 20 Min.
Für 2 Personen (pro Portion ca. 395 kcal)

**4 Eier, 100 g Eichblattsalat, 100 g Bataviasalat,
100 g Löwenzahn, 1 Bund Radieschen, 3 Tomaten, 100 g Champignons, 1 EL Zitronensaft,
1 Zweig Zitronenmelisse, 100 g Ziegenkäse
(z. B. Chavroux oder Feta), 150 ml frisch gepresster Orangensaft, 1 TL Birnendicksaft, Meersalz,
Pfeffer, einige Spritzer Worcestersauce**

1 Die Eier in 10–12 Min hart kochen, mit kaltem
Wasser abschrecken und pellen.

2 Salat putzen, waschen, zerpflücken und trockenschleudern. Die Radieschen putzen, waschen
und in Scheiben hobeln. Tomaten waschen und
ohne die Stielansätze achteln. Die Champignons
putzen, eventuell abreiben, in Scheiben schneiden und mit dem Zitronensaft beträufeln.

3 Zitronenmelisse waschen, trockenschütteln und
fein hacken. Blattsalate, Löwenzahn, Radieschen, Tomaten und Champignons mischen.

4 Den Käse fein zerbröckeln. Mit Orangensaft, Birnendicksaft und Zitronenmelisse verrühren. Mit Salz, Pfeffer und Worcestersauce würzen. Den Salat damit anmachen und anrichten. Die Eier achteln und auf dem Salat verteilen.

➤ *Statt Löwenzahn können Sie frischen Spinat oder Rucola verwenden.*

Zwischenmahlzeit

Tomaten-Bruschetta

Zubereitungszeit: 25 Min.
Für 2 Personen (pro Portion ca. 320 kcal)

1–2 Knoblauchzehen, 2 EL Butter, 2 EL frisch geriebener Parmesan, 2 Scheiben Vollkornbrot, 40 g getrocknete, in Öl eingelegte Tomaten, 2 Zweige Basilikum

1 Backofen auf 220° vorheizen. Knoblauch schälen und hacken. Mit Butter und Parmesan verkneten, die Brotscheiben damit bestreichen.

2 Tomaten abtropfen lassen, klein schneiden auf dem Brot verteilen. Im Ofen (Mitte, Umluft 200°) 10 Min. backen. Basilikum waschen, klein schneiden und auf den Broten verteilen.

Abendessen

Cevapcici mit Gemüse

Zubereitungszeit: 35 Min.
Für 2 Personen (pro Portion ca. 490 kcal)

2 Zwiebeln, 2 Knoblauchzehen, 1 kleine Aubergine, 1 Zucchino, 1 rote Paprikaschote, 4 reife Tomaten, 2 EL Olivenöl, 3 EL Tomatenmark, je 1 TL getrockneter Thymian und Oregano, 1 Zweig Rosmarin, Meersalz, 1 Msp. Chilipulver, 300 g Rinderhackfleisch, 2 TL Paprikapulver, 1 Msp. Cayennepfeffer

1 Zwiebeln und Knoblauch schälen, beides fein hacken. Aubergine und Zucchino waschen, putzen und würfeln. Paprikaschote halbieren, waschen, putzen und ebenfalls grob würfeln. Stielansätze der Tomaten entfernen. Tomaten kurz überbrühen, häuten und würfeln.

2 1 EL Öl in einer beschichteten Pfanne mit hohem Rand und Deckel erhitzen. Die Hälfte der Zwiebeln darin glasig werden lassen. Knoblauch und Gemüse zugeben und unter Rühren bei mittlerer Hitze 5 Min. anbraten.

3 Das Tomatenmark unterrühren, mit Thymian, Oregano, Rosmarin, Salz und Chilipulver würzen. Zugedeckt bei schwacher Hitze 15 Min. schmoren lassen, dabei zwischendurch umrühren und eventuell etwas Wasser zugeben.

4 Das Hackfleisch mit den restlichen Zwiebeln und dem übrigen Knoblauch verkneten. Mit Salz, Paprikapulver und Cayennepfeffer kräftig würzen. Daraus 8 kleine Röllchen formen.

5 Das restliche Öl in einer beschichteten Pfanne erhitzen. Die Cevapcici darin bei mittlerer Hitze von allen Seiten in 8–10 Min. braun braten. Zusammen mit dem Gemüse anrichten und servieren.

Einsteigerwoche für jeden

 Frühstück

Kerniges Knuspermüsli

*Zubereitungszeit: 10 Min.
Für 2 Personen (pro Portion ca. 445 kcal)*

**2 EL Sonnenblumenkerne, 10 grob gehackte
Mandeln, 2 EL Sesamsamen, 6 EL kernige
Haferflocken, 1 EL Rosinen, 250 g Kefir,
2 TL Honig, 2 EL Kürbiskerne**

1 Sonnenblumenkerne mit Mandeln und Sesamsamen in einer beschichteten Pfanne ohne Fett
goldbraun rösten.

2 Mit Haferflocken und Rosinen mischen. Mit
Kefir und Honig verrühren. Anrichten und mit
Kürbiskernen bestreuen.

Zwischenmahlzeit

Apfelmilch

*Zubereitungszeit: 10 Min.
Für 2 Personen (pro Portion ca. 170 kcal)*

**1 säuerlicher Apfel, 350 ml Milch, 2 TL Honig,
1/2 TL Zimtpulver**

1 Den Apfel waschen, vierteln, entkernen und
in grobe Stücke schneiden.

2 Mit Milch, Honig und Zimt im Mixer pürieren.
Die Apfelmilch sofort servieren.

 Mittagessen

Paniertes Schollenfilet
mit Eisberg-Kraut-Salat

*Zubereitungszeit: 25 Min.
Für 2 Personen (pro Portion ca. 490 kcal)*

**1/2 Eisbergsalat, 2 Möhren, 2 Tomaten,
250 g Weißkohl, Meersalz, 150 g Joghurt,
1 TL Dijon-Senf, 3 EL Zitronensaft,
1/2 TL edelsüßes Paprikapulver, 1 kleines Ei,
2 Schollenfilets (à 200 g), 2 EL Sesamsamen,
3 EL Sonnenblumenöl**

1 Den Salat putzen, waschen, in mundgerechte
Stücke zerpflücken und trockenschleudern.
Die Möhren putzen, schälen und fein raspeln.
Die Tomaten waschen, von den Stielansätzen
befreien und achteln.

2 Den Weißkohl putzen und in dünne Streifen
hobeln, mit Salz bestreuen und so lange
stampfen, bis der Kohl geschmeidig ist.
Mit Eisbergsalat, Möhrenraspeln und Tomaten-
achteln mischen. Auf einer Platte anrichten.

3 Für das Dressing Joghurt, Senf, Zitronensaft,
Salz und Paprikapulver verrühren.

4 Das Ei mit einer Gabel verschlagen. Den Fisch waschen, mit Küchenpapier abtrocknen und salzen. Die Sesamsamen auf einen Teller geben. Die Fischfilets erst im Ei, dann in den Sesamsamen wenden.

5 Das Öl in einer Pfanne erhitzen und den Fisch darin bei mittlerer Hitze von jeder Seite 4–5 Min. goldbraun braten. Anrichten und mit dem Salat servieren.

 **Zwischenmahlzeit**

Salami-Paprikaquark-Snack

Zubereitungszeit: 20 Min.
Für 2 Personen (pro Portion ca. 220 kcal)

1 Frühlingszwiebel, 1 kleine rote Paprikaschote, 6 EL Quark, (20 % Fett i. Tr.), Meersalz, 2 TL edelsüßes Paprikapulver, 6 Salatblätter, 6 hauchdünne, große Scheiben Rindersalami, 6 kleine Holzspießchen

1 Frühlingszwiebel putzen, waschen und klein schneiden. Paprikaschote halbieren, putzen, waschen und sehr klein würfeln. Beides unter den Quark ruhren, mit Salz und Paprikapulver würzen.

2 Salat waschen und trockenschleudern. Die Salamischeiben mit Quark bestreichen und jeweils auf ein Salatblatt legen, dann aufrollen und mit einem Holzspießchen feststecken.

➤ *Aus dem restlichen Quark mit einer TK-Kräutermischung Ihrer Wahl einen würzigen Kräuterquark zubereiten. Den Kräuterquark mit Pellkartoffeln als Hauptmahlzeit (Eiweißmahlzeit) servieren.*

 **Abendessen**

Makkaroni mit Gemüse

Zubereitungszeit: 30 Min.
Für 2 Personen (pro Portion ca. 580 kcal)

1 Fenchelknolle, 2 Stangen Staudensellerie, 1 Zwiebel, 1 Stück frischer Ingwer (etwa haselnussgroß), 1 EL Butter, 100 g Erbsen (tiefgekühlt), 60 ml Gemüsebrühe, 160 g Vollkornmakkaroni, Meersalz, 60 g Rinderschinken, 3 EL Sahne, 1 TL Currypulver

1 Den Fenchel putzen, waschen, halbieren, vom Strunk keilförmig befreien und würfeln. Staudensellerie waschen, putzen und würfeln. Zwiebel und Ingwer schälen und fein hacken.

2 Die Butter schmelzen lassen. Fenchel, Sellerie, Zwiebel, Ingwer und Erbsen darin unter Rühren 5 Min. anbraten. Brühe zugießen und alles zugedeckt 10 Min. köcheln lassen.

3 Makkaroni in Salzwasser nach Packungsangaben bissfest garen. Schinken in feine Streifen schneiden. Die Sahne unter das Gemüse rühren und mit Salz und Curry würzen. Die Makkaroni abgießen, abtropfen lassen, mit Gemüse anrichten und mit Schinkenstreifen bestreuen.

Einsteigerwoche für jeden

 **Frühstück**

Körnerbrötchen mit Paprikaquark

Zubereitungszeit: 10 Min.
Für 2 Personen (pro Portion ca. 230 kcal)

1 rote Paprikaschote, 150 g Quark (20 % Fett i. Tr.), Meersalz, Pfeffer, 1 TL Paprikapulver, 1 EL Kapern, 2 Vollkornbrötchen mit Sonnenblumenkernen

1 Paprikaschote halbieren, putzen, waschen und klein würfeln. Quark mit Salz, Pfeffer und Paprikapulver verrühren.

2 Die Hälfte der Paprikawürfel und die Kapern unterheben. Die Brötchen aufschneiden, die Hälften mit Paprikaquark bestreichen. Mit den übrigen Paprikawürfeln bestreuen.

 Zwischenmahlzeit

Orangenfilets mit Mascarpone

Zubereitungszeit: 15 Min.
Für 2 Personen (pro Portion ca. 335 kcal)

3 Orangen, 1 TL Zimtpulver, 1 EL Honig, 100 g Mascarpone, 1 TL Zitronensaft

1 1 Orange waschen, abtrocknen und 1 EL Schale abreiben. Den Saft auspressen. Die übrigen Orangen von der Schale befreien und filetieren, dabei den abtropfenden Saft auffangen. Die Orangenfilets anrichten.

2 Saft und Schale aufkochen lassen. Zimt und Honig unterrühren und den Sud abkühlen lassen. Mascarpone mit Orangen- und Zitronensaft glatt verrühren und auf den Orangenfilets anrichten.

 Mittagessen

Wurstsalat mit Paprika

Zubereitungszeit: 20 Min.
Backzeit: ca. 15 Min.
Für 2 Personen (pro Portion ca. 370 kcal)

2 gelbe Paprikaschoten, 1 milde rote Zwiebel, 1 Bund Radieschen, 200 g Geflügelfleischwurst, 1 EL weißer Aceto balsamico, Pfeffer aus der Mühle, 1/2 TL Sambal oelek, Meersalz, 1 TL Sonnenblumenöl, 1/2 Bund Petersilie, 1 kleiner Romanasalat

1 Den Backofen auf 200° vorheizen. Die Paprikaschoten halbieren, putzen, waschen und auf ein Backblech legen und im Backofen (Mitte) 10–15 Min. braten. Abkühlen lassen, die Haut abziehen und die Hälften klein würfeln.

2 Zwiebel schälen und fein hacken. Radieschen putzen, waschen und in dünne Scheiben hobeln. Die Wurst in kleine Würfel schneiden und mit Paprika, Zwiebel und Radieschen mischen.

3 Essig, 3 EL Wasser, Pfeffer, Sambal oelek und Salz verrühren, das Öl unterschlagen. Den Wurstsalat damit anmachen.

4 Petersilie waschen und fein hacken. Romana-salat putzen, waschen, zerpflücken und trockenschleudern. Den Salat dekorativ auf zwei Tellern anrichten und den Wurstsalat darauf geben. Mit Petersilie bestreut servieren.

 Zwischenmahlzeit

Mozzarella-Sandwich

Zubereitungszeit: 15 Min.
Für 2 Personen (pro Portion ca. 315 kcal)

1 Zweig Basilikum, 2 Scheiben roher Rinder-schinken, 1 Tomate, 125 g Mozzarella, 2 Scheiben Vollkornbrot, 2 TL Pesto (aus dem Glas)

1 Basilikum waschen und klein schneiden. Schinken würfeln. Tomate waschen und ohne Stielansatz in Scheiben schneiden. Mozzarella abtropfen lassen und in Scheiben schneiden.

2 Das Brot mit Pesto bestreichen. 1 Scheibe mit Basilikum, Schinken, Tomate und Mozzarella belegen. Die zweite Scheibe obenauf legen. Das Brot diagonal durchschneiden.

 **Abendessen**

Bulgurpfanne mit Gurken-Melonen-Salat

Quellzeit: 2 Std.
Zubereitungszeit: 45 Min.
Für 2 Personen (pro Portion ca. 525 kcal)

4 getrocknete, ungeschwefelte Aprikosen, 1/2 TL Meersalz, 150 g Bulgur, 1 Zwiebel, 125 g Austernpilze, 1 Banane, 1 EL Sesamöl, 1 TL Fünf-Gewürz-Pulver, 1/4 TL Cayennepfeffer, 1/2 Honigmelone (ca. 300 g), 100 g Salatgurke, 2 EL Obstessig, 1/2 TL Honig, 1 TL Senf, 1/2 Bund Dill, 2 EL gehackte Mandeln

1 Aprikosen würfeln, in 100 ml heißem Wasser zugedeckt 2 Std. quellen lassen.

2 400 ml Salzwasser zum Kochen bringen. Den Bulgur einstreuen und zugedeckt bei abgeschalteter Herdplatte 15 Min. quellen lassen, bis das Wasser aufgesogen ist.

3 Zwiebel schälen, halbieren und in Streifen schneiden. Pilze putzen und in Streifen schneiden. Banane schälen, in Scheiben schneiden.

4 Öl in einer beschichteten Pfanne erhitzen. Zwiebel darin glasig werden lassen. Pilze zugeben und unter Rühren 10 Min. anbraten. Banane und Aprikosen mit Einweichwasser unterrühren und bei schwacher Hitze 5 Min. köcheln lassen. Bulgur auflockern und unterrühren. Mit Salz, Fünf-Gewürz-Pulver und Cayennepfeffer würzen.

5 Melone entkernen, schälen und würfeln. Gurke schälen, halbieren und würfeln. Melone und Gurke mischen. Essig mit 2 EL Wasser, Salz, Honig und Senf verrühren. Dill waschen, trockenschütteln und fein hacken. Den Salat damit anmachen und mit Dill bestreuen. Bulgur mit Mandeln bestreuen, anrichten und mit dem Melonen-Gurken-Salat servieren.

Frühstück

Schinkenbrot mit Radieschen

Zubereitungszeit: 10 Min.
Für 2 Personen (pro Portion ca. 255 kcal)

**1/2 Bund Schnittlauch, 50 g saure Sahne,
2 Salatblätter, 2 Scheiben Vollkornbrot,
4 dünne Scheiben roher Rinderschinken,
1 Bund Radieschen**

1 Den Schnittlauch waschen, in Röllchen schneiden und mit der sauren Sahne verrühren. Den Salat waschen und trockenschütteln. Die Brotscheiben mit der sauren Sahne bestreichen, mit je 1 Salatblatt und je 2 Scheiben Schinken belegen.

2 Die Radieschen waschen und putzen. 2 Radieschen in Scheiben schneiden und die Brote damit garnieren. Den Rest zum Brot essen.

Zwischenmahlzeit

Garnelen-Tapas

Zubereitungszeit: 10 Min.
Für 2 Personen (pro Portion ca. 150 kcal)

**1 reife Papaya, 2 Zweige Minze,
6 große weiße Trauben, 12 gegarte,
geschälte Garnelen, einige Spritzer
Tabasco, 12 kleine Holzspieße**

1 Papaya halbieren, entkernen, schälen und in 12 Würfel schneiden. Minze waschen und die Blättchen abzupfen. Trauben halbieren, eventuell entkernen.

2 Je 1 Garnele mit Minze, 1 Traubenhälfte und 1 Papayawürfel auf Holzspießchen stecken. Mit Tabasco beträufeln.

 ## Mittagessen

Lammragout

Zubereitungszeit: 15 Min.
Garzeit: ca. 2 Std.
Für 2 Personen (pro Portion ca. 610 kcal)

**4 reife Tomaten, 1 Gemüsezwiebel, 1–2 Knoblauchzehen, 350 g Möhren, 150 g Egerlinge,
300 g Lammfleisch (Keule oder Nacken),
150 g Erbsen (tiefgekühlt), Meersalz, Pfeffer,
1 TL getrockneter Thymian, 1 Zweig Rosmarin,
100 ml Rotwein, 200 ml Gemüsebrühe, 2 EL Sahne**

1 Einen Tontopf einschließlich Deckel mindestens 20 Min. in kaltem Wasser wässern.

2 Stielansätze der Tomaten entfernen. Tomaten kurz überbrühen, häuten und grob würfeln. Zwiebel und Knoblauch schälen, beides in Scheiben schneiden.

3 Möhren putzen, schälen und würfeln. Egerlinge putzen, eventuell abreiben und in Scheiben schneiden. Fleisch in kleine Würfel schneiden.

4 Gemüse und Erbsen mischen. Mit Salz, Pfeffer und Thymian würzen. Die Hälfte mit dem Rosmarin in den Tontopf geben. Das Fleisch darauf verteilen und mit dem restlichen Gemüse bedecken. Mit Rotwein und Brühe auffüllen. Den Deckel auflegen und den Tontopf auf den Rost in den kalten Backofen (Mitte) stellen. Erst 5 Min. bei 80°, dann bei 250° in 1 Std. 55 Min. garen.

5 Rosmarin entfernen, die Sahne unter das Ragout rühren und nach Belieben mit Salz und Pfeffer abschmecken.

 Zwischenmahlzeit

Schafkäse-Snack

Zubereitungszeit: 20 Min.
Für 2 Personen (pro Portion ca. 280 kcal)

100 g Schafkäse, 1 Zwiebel, 1 EL Olivenöl, 2 Tomaten, 2 Scheiben Vollkornbrot, je 1 TL getrockneter Thymian und Rosmarin

1 Käse in etwa 1 cm dicke Scheiben schneiden. Zwiebel schälen und in etwa 1/2 cm dicke Scheiben schneiden. Öl erhitzen und die Zwiebel darin von beiden Seiten scharf anbraten.

2 Tomaten waschen. Brot toasten, mit Zwiebel und Käse belegen. Mit Thymian und Rosmarin bestreuen und unter dem Grill 10 Min. überbacken. Mit Tomaten servieren.

 **Abendessen**

Zucchini mit Pumpernickeltaler

Zubereitungszeit: 30 Min.
Für 2 Personen (pro Portion ca. 475 kcal)

350 g Zucchini, 1–2 Knoblauchzehen, 3 EL Olivenöl, Meersalz, 3 Tomaten, Sambal oelek, 1 EL getrockneter Thymian, 1 Zweig Basilikum, 2 Forellenfilets,

2 TL Meerrettich (aus dem Glas), 2 EL gehackter Dill, 4 Salatblätter, 8 Pumpernickeltaler, 4 mit Paprika gefüllte Oliven

1 Zucchini waschen, putzen und in Scheiben schneiden. Knoblauch schälen und fein hacken. 2 EL Öl in einer beschichteten Pfanne erhitzen und die Zucchini darin bei mittlerer Hitze von beiden Seiten 5 Min. braten. Den Knoblauch dazupressen, salzen und abkühlen lassen.

2 Stielansätze der Tomaten entfernen. Tomaten kurz überbrühen, häuten, entkernen und würfeln. Übriges Öl mit Sambal oelek, Salz und Thymian verrühren. Tomaten unterrühren. Basilikum waschen, Blättchen abzupfen.

3 Die Seiten der Forellenfilets großzügig gerade schneiden. Die Filets in 8 Stücke schneiden. Die Abschnitte mit einer Gabel zerdrücken, mit Meerrettich und Dill verrühren.

4 Salat putzen, waschen und in acht Stücke zupfen. Pumpernickeltaler mit Forellencreme bestreichen, mit Salat und Filetstücken belegen. Oliven halbieren und darauf legen. Die Zucchini auf zwei Tellern anrichten. Das Tomaten-Dressing und Basilikum darauf verteilen. Mit den Pumpernickeltalern servieren.

Frühstücke, Drinks & Snacks

Das Frühstück ist das Sprungbrett in den Tag und mit gesunden Snacks überwinden Sie ihre Leistungstiefs zwischendurch. Ob Sie ein Brötchen, ein Müsli frühstücken oder lieber Früchte genießen, bei der Trennkost können Sie zwischen diesen Varianten wählen.

Bis mittags um 12 Uhr können Sie sich frisches Obst in beliebiger Menge schmecken lassen. Für ein Müsli kombinieren Sie Getreideflocken mit gesäuerten Milchprodukten oder einer Mischung aus Wasser und Sahne. Statt säurereiches Obst geben Sie Trockenfrüchte dazu. Mit Nüssen, Samen und Honig lässt es sich noch etwas aufpeppen.

Wenn morgens überhaupt nichts rutscht, bringt Sie ein Fitness-Drink auf Trab. Auf Marmelade sollten Sie verzichten, da dieser Aufstrich eine Kombination aus Obst (Eiweiß) und Zucker (Kohlenhydrate) ist. Bessere Alternativen sind Honig, Apfelkraut oder die Aufstriche in diesem Kapitel.

Wenn das erste Tief sich bemerkbar macht, erfrischt Sie ein Snack aus frischem Obst der Saison, Rohkost oder ein gesäuertes Milchprodukt Ihrer Wahl. Nachmittags, wenn der Blutzuckerspiegel sinkt, sind Obst, Trockenfrüchte oder Kohlenhydrat-Snacks genau das Richtige.

Trennkostgerecht frühstücken und snacken

Das ideale Trennkost-Frühstück kann eine Kohlenhydrat-, Eiweiß- oder Obstmahlzeit sein. Egal, worauf Sie Appetit haben, essen Sie, was Ihnen am besten schmeckt. In diesem Kapitel finden Sie Anregungen.

■ Kohlenhydrat-Frühstück

Nutzen Sie die Sortenvielfalt bei Vollkornbrot und körnigen Brötchen und bringen Sie Abwechslung auf den Frühstückstisch. Für ein Kohlenhydrat-Frühstück bestreichen Sie 50 g Vollkornbrot oder ein Vierkornbrötchen mit Butter oder Margarine aus dem Reformhaus, gelegentlich auch mal mit saurer Sahne oder Crème fraîche und wählen einen neutralen Belag, z. B.:
➤ 30 g rohe Wurst (roher Schinken, Lachsschinken, Rindersalami, Bündner Fleisch, roher Schinken vom Rind, Lamm oder von der Pute), gelegentlich auch Räucherlachs.
➤ 30 g Käse aus der neutralen Gruppe (Frischkäse, Rahmgouda, Emmentaler, Camembert).
➤ 50 g Quark, pikant angemacht mit frischen Kräutern, frisch geriebenem Meerrettich oder süß mit klein gehackten Trockenfrüchten.
➤ Ein Müsli aus Getreideflocken, Joghurt, Kefir, Dickmilch oder Buttermilch, angereichert mit Nüssen, ungeschwefelten Trockenfrüchten, wie Rosinen, Aprikosen, Datteln oder Feigen oder mit frischen Früchten, wie Banane oder mürbem Apfel.

■ Eiweiß-Frühstück

2 Eier (als Spiegelei, Rührei, Omelette gekocht oder im Glas) kombiniert mit Tomaten, Gurkenscheiben, Paprikastreifen, Radieschen, Oliven oder anderem neutralem Gemüse – kein Brot.

■ Obstfrühstück

In beliebiger Menge und nach Verträglichkeit frisches Obst. Dieses sollte nicht mit Bananen, Feigen und Datteln kombiniert werden.

■ Eiweiß-Snack für vormittags

Nach dem Frühstück können Sie überwiegend Basen bildende Nahrungsmittel naschen. Knabbern Sie so viel reife Früchte oder Rohkost, wie Ihr Körper verlangt. Wer so viel Rohes jedoch nicht verträgt, löffelt Naturjoghurt oder Quark gemixt mit Fruchtpüree, trinkt 1 Glas Buttermilch, Molke, frisch gepressten Orangensaft oder schlürft einen Fitness-Drink.

■ Kohlenhydrat-Snack für nachmittags

Am späteren Nachmittag sind Banane, Müsliriegel ohne Zucker, Trockenobst, Studentenfutter – selbst gemischt, Haferflocken mit Kefir, getrockneten, ungeschwefelten Aprikosen und Honig oder 2–3 Vollkornkekse ideal.

■ Fruchtquark

250 g Quark (20 % Fett i.Tr.) mit 3 EL Mineralwasser, 2 EL Ahornsirup und 1/2 TL Ingwerpulver cremig verrühren. 2 kleine reife Bananen schälen. 1 Banane zerdrücken, die andere klein würfeln und beides unter den Quark rühren.

■ Erdbeerjoghurt

250 g Erdbeeren waschen und putzen. Die Hälfte mit 1 TL Honig pürieren und mit 300 g Joghurt verrühren. Die übrigen Erdbeeren klein schneiden. Den Joghurt anrichten und mit den Erdbeeren garnieren.

■ Melone mit Hirschschinken

1/2 Netzmelone in sechs Spalten schneiden und mit 80 g rohem Hirschschinken in dünnen Scheiben dekorativ anrichten.

■ Matjesbrötchen

1 kleine Zwiebel schälen und fein würfeln. 2 kleine Vollkornbaguettes längs halbieren. Die unteren Hälften jeweils mit 1 Matjesfilet und Zwiebelwürfeln belegen. Mit jeweils der zweiten Hälfte bedecken.

■ Käse-Sprossen-Snack

1 säuerlichen Apfel würfeln und mit 1 EL Zitronensaft beträufeln. 100 g kernlose Trauben waschen und von den Stielen zupfen. 80 g Gouda würfeln. 100 g Sprossen aus Sonnenblumenkernen waschen und abtropfen lassen. Apfel, Trauben, Käse und Sprossen mischen, anrichten und mit 1 EL gehackten Mandeln bestreuen.

Birnensalat mit Mandelsauce

Zubereitungszeit: 15 Min.
Für 2 Personen (pro Portion ca. 230 kcal)

**1 EL Mandelblättchen, 2 reife Birnen,
1 EL Zitronensaft, 100 g Quark (20 % i. Tr.),
150 g Joghurt, 1 TL abgeriebene Schale von
1 unbehandelten Zitrone, 1 EL Ahornsirup**

1 Die Mandelblättchen in einer kleinen beschichteten Pfanne ohne Fett goldbraun rösten, dann zum Abkühlen beiseite stellen.

2 Die Birnen waschen, vierteln, entkernen und in kleine Würfel schneiden. In zwei Dessertschalen geben und mit dem Zitronensaft beträufeln.

3 Den Quark mit Joghurt, Zitronenschale und Ahornsirup verrühren. Mandelblättchen unterrühren und die Mischung auf den Birnensalat geben.

➤ *Statt Birnen säuerliche Äpfel würfeln oder nach Belieben anderes Obst der Saison verwenden.*

Frischkornmüsli mit Feigen

Quellzeit: über Nacht
Zubereitungszeit: 10 Min.
Für 2 Personen (pro Portion ca. 270 kcal)

**6 leicht geh. EL Getreideschrot (z. B. Weizen,
Dinkel oder Hafer), 4 frische Feigen, 2 TL Honig,
4 EL Sahnejoghurt, 2 EL gehackte Mandeln**

1 Den Getreideschrot mit 180 ml kaltem Wasser verrühren und zugedeckt über Nacht im Kühlschrank quellen lassen.

2 Am nächsten Morgen die Feigen schälen und klein würfeln. Mit Honig und Joghurt unter den Frischkornbrei rühren.

3 Das Müsli anrichten und mit Mandeln bestreut servieren.

➤ *Statt Sahnejoghurt Dickmilch verwenden. Die Mandeln können Sie gegen Walnusskerne und andere Nüsse oder auch gegen Kokosraspel austauschen.*

Bananen-Kokos-Müsli

Zubereitungszeit: 10 Min.
Für 2 Personen (pro Portion ca. 410 kcal)

**1 Banane, 2 EL ungeschwefelte Rosinen,
2 EL Kokosraspel, 6 EL kernige Haferflocken,
250 g Joghurt, 2 TL Honig, 1 EL gehackte
Haselnusskerne**

1 Die Banane schälen und in dünne Scheiben
schneiden. Mit den Rosinen, Kokosraspeln
und Haferflocken mischen.

2 Joghurt mit Honig verrühren und über die
Haferflockenmischung geben.

3 Das Müsli in zwei kleinen Schälchen anrichten
und mit den Nüssen bestreut servieren.

➤ *Wer morgens öfter Müsli isst, kann sich seine
Lieblingsmischung aus verschiedenen Getreide-
sorten gleich auf Vorrat mixen und in einer gut
verschlossenen Dose aufbewahren.*

Trockenfrüchtemüsli

Quellzeit: 5 Min.
Zubereitungszeit: 10 Min.
Für 2 Personen (pro Portion ca. 325 kcal)

**6 EL Getreideflocken, 100 g Buttermilch,
4 Datteln, 4 getrocknete Feigen,
1 EL gehackte Walnusskerne, 2 TL Honig,
1 TL Zimtpulver, 1/2 TL Kardamompulver**

1 Die Getreideflocken mit der Buttermilch verrühren und 5 Min. quellen lassen.

2 Inzwischen die Datteln entkernen. Datteln und
Feigen in grobe Stücke schneiden. Mit Nüssen,
Honig, Zimt und Kardamom unter die Getreide-
flocken rühren.

➤ *Statt Getreideflocken können Sie kernige
Haferflocken verwenden. Die Walnusskerne
können Sie durch Mandeln oder Sonnenblumenkerne ersetzen. Auch geröstete Pinien- oder
Kürbiskerne schmecken sehr gut.*

Käse-Schnitten mit Basilikumbutter

Zubereitungszeit: 10 Min.
Für 2 Personen (pro Portion ca. 305 kcal)

6 Blätter Basilikum, 1 EL weiche Butter,
2 Scheiben Vollkornbrot, 2 TL gehackte Walnusskerne, 1 Tomate, 2 Scheiben Emmentaler,
1/2 TL edelsüßes Paprikapulver

1 Basilikum waschen, sehr fein hacken und mit
der Butter verkneten. Die Brotscheiben dünn
damit bestreichen und mit Nüssen bestreuen.

2 Die Tomate waschen, vom Stielansatz befreien,
in dünne Scheiben schneiden und die Tomatenscheiben dachziegelartig auf die Brote legen.

3 Mit je 1 Scheibe Käse belegen und dem Paprikapulver bestäuben.

➤ *Wählen Sie nach Belieben Käse aus der neut-*
ralen Gruppe aus, z. B. Schweizer Raclette, Rahm-
gouda, Pyrenäenkäse oder Morbier.

Vollkornbrot mit Dattelquark

Zubereitungszeit: 10 Min.
Für 2 Personen (pro Portion ca. 265 kcal)

1 EL gehackte Mandeln, 4 Datteln, 1 TL Zimtpulver, 2 TL flüssiger Honig, 1/2 TL Vanillepulver
(Reformhaus), 100 g Quark (20 % Fett i. Tr.),
2 Scheiben Vollkornbrot

1 Die Mandeln in einer kleinen beschichteten
Pfanne goldbraun rösten, dann zum Abkühlen
beiseite stellen.

2 Die Datteln halbieren, entkernen und in sehr
kleine Würfel schneiden. Mit Zimt, Honig und
Vanillepulver unter den Quark rühren.

3 Die Brotscheiben mit dem Dattelquark bestreichen und mit den Mandeln bestreuen.

➤ *Nutzen Sie die Sortenvielfalt an Vollkornbrot*
und Vollkornbrötchen. Bringen Sie Abwechslung
auf den Frühstückstisch.

Vollkornbaguette mit Zitronenbutter

Zubereitungszeit: 20 Min.
Für 2 Personen (pro Portion ca. 310 kcal)

1 unbehandelte Zitrone, 10 Blättchen Zitronenmelisse, 20 g weiche Butter, Meersalz, Pfeffer, 1 Stück Zucchino (ca. 6 cm), 1 Vollkornbaguette, 1 Fleischtomate

1 Den Backofen auf 225° vorheizen. Die Zitrone waschen, abtrocknen und 1 TL Schale abreiben. Die Zitronenmelisse in feine Streifen schneiden. Beides mit der Butter verkneten. Mit etwas Salz und Pfeffer würzen.

2 Zucchino waschen und in dünne Scheiben schneiden, salzen und pfeffern. Das Baguette alle 3 cm ein- aber nicht durchschneiden.

3 Die Spalten innen mit Zitronenbutter bestreichen. 2 Zucchinischeiben dazwischenklemmen. Das Baguette im Backofen (Mitte, Umluft 200°) 6–8 Min. backen. Tomate waschen und in Scheiben dazu servieren.

Gefülltes Tomaten-Käse-Brötchen

Zubereitungszeit: 15 Min.
Für 2 Personen (pro Portion ca. 360 kcal)

2 Vollkornbrötchen, 1 EL Butter, 4 Salatblätter, 1 Tomate, 60 g Käse (z. B. Camembert, Cambozola, Gruyère), 2 EL Crème fraîche, Salz, Pfeffer

1 Von den Brötchen jeweils einen Deckel abschneiden und die Unterteile aushöhlen. Die Butter in einer Pfanne schmelzen lassen und das Innere der Brötchen darin bei mittlerer Hitze knusprig rösten, dann beiseite stellen.

2 Den Salat putzen, waschen, trockenschleudern und in feine Streifen schneiden. Tomate waschen und ohne die Stielansätze grob würfeln. Käse klein würfeln. Tomate, Käse, Crème fraîche und geröstetes Brot vermischen. Die Füllung mit Salz und Pfeffer würzen.

3 Erst die Salatstreifen, dann die Füllung in die ausgehöhlten Brötchen geben und den Deckel obenauf setzen.

Avocadocreme mit Schafkäse

Zubereitungszeit: 15 Min.
Für 2 Personen (pro Portion ca. 435 kcal)

6 grüne Oliven ohne Stein, 1 Knoblauchzehe,
4 Kirschtomaten, 1 reife Avocado, 50 g Schafkäse,
1 TL Olivenöl, 1/2 TL getrockneter Thymian,
2 Scheiben Vollkornbrot

1 Die Oliven fein hacken. Die Knoblauchzehe
schälen. Die Tomaten waschen und halbieren.

2 Die Avocado halbieren und entsteinen. Das
Fruchtfleisch mit einem Löffel herauslösen
und mit einer Gabel zerdrücken.

3 Den Käse fein zerbröseln und mit Öl, Thymian
und Oliven zum Avocadomus geben. Den
Knoblauch dazupressen und alles verrühren.

4 Die Brotscheiben mit der Avocadocreme bestreichen und mit den Tomatenhälften garnieren.

Paprika-Auberginen-Creme

Zubereitungszeit: 20 Min.
Backzeit: ca. 25 Min.
Für 6 Portionen (pro Portion ca. 60 kcal)

1 Aubergine, 1 Zwiebel, 3 Knoblauchzehen,
1 rote Paprikaschote, 3 EL Olivenöl, Meersalz,
1 TL Sambal oelek, 1–2 TL edelsüßes Paprikapulver

1 Backofen auf 200° vorheizen. Die Aubergine
waschen, putzen und im Backofen (Mitte, Umluft 180°) 25 Min. backen. Abkühlen lassen.

2 Zwiebel und Knoblauch schälen, beides fein
würfeln. Die Paprikaschote waschen, halbieren,
putzen und in Streifen schneiden. Das Fruchtfleisch der Aubergine aus der Schale lösen.

3 Öl erhitzen. Zwiebel, Knoblauch und Paprika
darin 3 Min. anbraten. Auberginenfleisch
untermischen. Mit Salz, Sambal oelek und
Paprikapulver würzen. Die Masse fein pürieren. Die Creme in ein sauberes Schraubglas
füllen. Gut gekühlt hält sich die Creme 3 Tage.

Kräuter-Camembert-Creme

Zubereitungszeit: 20 Min.
Für 4 Portionen (pro Portion ca. 178 kcal)

je 1/2 Bund Sauerampfer oder Basilikum und Schnittlauch, 1 kleine Zwiebel, 150 g reifer Camembert (60 % Fett i. Tr. oder Camembert aus Rohmilch, 45 % Fett i. Tr.), 150 g Quark (20 % Fett i. Tr.), Meersalz, 1 TL edelsüßes Paprikapulver

1 Die Kräuter waschen und trockenschütteln. Den Sauerampfer sehr fein hacken, den Schnittlauch in feine Röllchen schneiden. Die Zwiebel schälen und fein würfeln.

2 Den Käse mit einer Gabel sehr fein zerdrücken. Quark, Sauerampfer, Schnittlauchröllchen und Zwiebelwürfel unterrühren. Mit Salz und Paprikapulver würzen.

3 Die Creme in ein sauberes Schraubglas füllen. Gut gekühlt hält sich die Creme 2 Tage.

Mandelmus mit Rapshonig

Zubereitungszeit: 15 Min.
Für 20 Portionen (pro Portion ca. 100 kcal)

250 g Rapshonig (Bioladen), 200 g gemahlene geschälte Mandeln, 1 TL Rosenwasser (Apotheke)

1 Den Honig im Wasserbad leicht erwärmen, bis er flüssig ist. Mit Mandeln und Rosenwasser verrühren.

2 Das Mus in ein sauberes Schraubglas (450 g Inhalt) füllen. Gut gekühlt hält sich das Mus etwa 3 Monate.

Tipp
Statt Rosenwasser können Sie auch 6 Tropfen Bittermandelöl verwenden. An Stelle von gemahlenen Mandeln können Sie ganze nehmen. Diese mit kochendem Wasser übergießen, 5 Min. ziehen lassen, von der Haut befreien und über Nacht trocknen lassen. Am nächsten Tag die Mandeln sehr fein mahlen.

Möhren-Hafermilch-Drink

Zubereitungszeit: 10 Min.
Für 2 Drinks (pro Drink ca. 90 kcal)

**1 Möhre, 400 ml Hafermilch, 2 TL Ahornsirup,
2 Tropfen Mandelaroma, 1/2 TL Ingwerpulver**

1 Möhre putzen, schälen und schneiden.
Mit Hafermilch, Ahornsirup, Mandelaroma
und Ingwerpulver fein pürieren. Den Drink
in zwei Gläser geben und servieren.

Geeiste Mandarinenmilch

Zubereitungszeit: 10 Min.
Gefrierzeit: 30 Min.
Für 2 Drinks (pro Drink ca. 135 kcal)

**70 ml H-Milch, 2 Mandarinen,
300 g Buttermilch, 3 TL Ahornsirup**

1 Die H-Milch 30 Min. ins Gefrierfach stellen.
Die Mandarinen schälen und in Spalten teilen.
Mit Buttermilch und Ahornsirup fein pürieren.

2 Die angefrorene Milch mit dem Pürierstab
schaumig aufschlagen. Die Mandarinenmilch
in zwei Gläser geben. Den Milchschaum darauf
geben, leicht unterrühren und sofort servieren.

Blueberry-Shake

Zubereitungszeit: 10 Min.
Für 2 Drinks (pro Drink ca. 105 kcal)

**150 g Heidelbeeren (tiefgekühlt),
2 TL Ahornsirup, 400 ml Reismilch**

1 Die Heidelbeeren unaufgetaut in den Mixer
geben, dabei einige Beeren zum Garnieren
beiseite legen. Mit Ahornsirup und Reismilch
fein pürieren.

2 Den Shake in zwei Gläser geben und mit einigen Beeren garniert servieren.

Ananas-Kokos-Drink

Zubereitungszeit: 10 Min.
Für 2 Drinks (pro Drink ca. 70 kcal)

**1 Scheibe Ananas, 6 EL zerstoßenes Eis,
1/4 l Eiswasser, 2 EL Agavendicksaft,
150 ml ungesüßte Kokosmilch (aus der Dose),
2 kleine Stücke Ananas mit Schale**

1 Ananasscheibe schälen und in Stücke schneiden. Mit gestoßenem Eis, Eiswasser, Agavendicksaft und Kokosmilch im Mixer pürieren.
In zwei Gläser füllen und mit je 1 Stück Ananas
garniert servieren.

Pfefferminz-Drink

Zubereitungszeit: 10 Min.
Für 2 Drinks (pro Drink ca. 40 kcal)

**4 Zweige Minze, 150 ml Reismilch,
2 TL Agavendicksaft**

1 Einige Minzeblättchen abzupfen und zum
Garnieren beiseite legen. Restliche Minze mit
300 ml kochendem Wasser übergießen, 5 Min.
ziehen lassen, abgießen und abkühlen lassen.

2 Den Tee mit Reismilch und Agavendicksaft im
Mixer mixen. Mit der übrigen Minze garnieren.

Erdbeer-Apfelsaft-Drink

Zubereitungszeit: 5 Min.
Gefrierzeit: 30 Min.
Für 2 Drinks (pro Drink ca.100 kcal)

100 g Erdbeeren, 300 ml naturreiner Apfelsaft, 100 ml kaltes Mineralwasser

1 Die Erdbeeren waschen, putzen, in sehr kleine Stücke schneiden und im Gefrierfach in 30 Min. leicht gefrieren lassen.

2 Die Erdbeeren in zwei Longdrinkgläser geben, mit dem Apfelsaft aufgießen und umrühren. Den Drink mit Mineralwasser auffüllen und sofort servieren.

Mango-Shake

Zubereitungszeit: 10 Min.
Für 2 Drinks (pro Drink ca. 100 kcal)

1 reife Mango, 300 ml Molke, 2 TL Agavendicksaft, 2 kleine Zweige Minze

1 Die Mango schälen, das Fruchtfleisch vom Stein befreien und klein schneiden.

2 Mit Molke und Agavendicksaft im Mixer oder mit dem Pürierstab fein pürieren. In zwei Gläser füllen und mit Minze garniert servieren.

1 *Geeiste Mandarinenmilch*
2 *Pfefferminz-Drink*
3 *Erdbeer-Apfelsaft-Drink*

Roastbeef-Röllchen

Zubereitungszeit: 15 Min.
Für 2 Personen (pro Portion ca. 130 kcal)

60 g Feldsalat, 6 Kirschtomaten, 6 Scheiben Roastbeef, 2 TL Meerrettich (aus dem Glas), 1 TL Olivenöl, TL Aceto balsamico, Meersalz, Pfeffer aus der Mühle, 6 kleine Holzspieße

1 Den Salat putzen, waschen und trockenschleudern. Die Tomaten waschen.

2 Die Roastbeefscheiben zur Hälfte dünn mit Meerrettich bestreichen. Mit der Hälfte Feldsalat und jeweils 1 Tomate belegen. Die Roastbeefscheiben locker aufrollen und mit den Holzspießchen feststecken.

3 Den restlichen Feldsalat dekorativ auf einem Teller anrichten, mit Öl und Essig beträufeln, leicht salzen und pfeffern und die Roastbeef-Röllchen darauf anrichten.

➤ *Statt Roastbeef können Sie auch geräucherte Putenbrustscheiben nehmen und statt Kirschtomaten je 2 Spargelspitzen.*
➤ *Roastbeef können Sie an der Aufschnitttheke kaufen oder noch besser selbst zubereiten. Am besten gelingt ein großer Braten von 1 kg. Das Fleisch mit Salz und Pfeffer einreiben, in heißem Fett von allen Seiten kräftig anbraten und mit der Fettschicht nach oben in den auf 220° vorgeheizten Backofen schieben und 25 Min. braten. Den Backofen auf 150° herunterschalten und weitere 20 Min. braten. Das Roastbeef im ausgeschalteten Backofen noch 15 Min. ruhen lassen. Die Menge reicht mit einer Salat- oder Gemüsebeilage für eine größere Runde. Was übrig bleibt, kann kalt gegessen werden.*

Eiertatar auf Chicorée

Zubereitungszeit: 20 Min.
Für 2 Personen (pro Portion ca. 195 kcal)

2 Eier, 1 Chicorée (etwa 200 g), 1 Schalotte, 1/2 Bund Schnittlauch, 1 Tomate, 3 Sardellenfilets, 2 EL Kräuter-Crème-fraîche, Meersalz, Pfeffer, 1/2 TL edelsüßes Paprikapulver

1 Die Eier in 10–12 Min. hart kochen, mit kaltem Wasser abschrecken, pellen und abkühlen lassen.

2 Den Chicorée in 8 schöne Blätter zerlegen, diese waschen, putzen und abtropfen lassen. Die Schalotte schälen und fein würfeln. Den Schnittlauch waschen, trockenschütteln und in Röllchen schneiden. Die Tomate waschen und ohne den Stielansatz klein würfeln.

3 Die Sardellen kalt abspülen und klein schneiden. Die Eier fein hacken. Beides mit Zwiebel, Schnittlauch, Tomate und Crème fraîche mischen. Mit Salz, Pfeffer und Paprika würzen. Die Chicoréeblätter damit füllen. Auf zwei Tellern anrichten und servieren.

Variante
Die Chicoréeblätter mit Quark füllen. Dafür 250 g Quark (20 % Fett i. Tr.) mit 4 EL Mineralwasser cremig verrühren. 1 Zwiebel würfeln. 1 Bund Schnittlauch in Röllchen schneiden. Beides unter den Quark rühren. Mit Salz und Pfeffer würzen und auf den Chicoréeblättern verteilen. Den Quark mit den gehackten Eiern bestreuen und mit 8 Sardellenfilets belegen. Paprikapulver darüber streuen. Den Chicorée auf Salattblättern anrichten und mit 3 EL gehackter Petersilie bestreut servieren.

Gefüllte Eier

Zubereitungszeit: 20 Min.
Für 2 Personen (pro Portion ca. 330 kcal)

4 Eier, 1 kleine Gewürzgurke,
3 Zweige Petersilie, 1 Matjesfilet,
1 TL Senf, EL saure Sahne,
einige Salatblätter, 2 TL Kaviar

1 Die Eier in 10–12 Min. hart kochen, mit kaltem Wasser abschrecken, pellen und abkühlen lassen.

2 Die Gurke in feine Würfel schneiden. Die Petersilie waschen, trockenschütteln und fein hacken.

3 Den Matjes säubern und in kleine Stücke schneiden. Die Eier längs halbieren und die Eigelbe herauslösen.

4 Für die Füllung die Eigelbe mit Senf, saurer Sahne, Gurke, Petersilie und Matjesstücken vermischen.

5 Den Salat waschen, putzen, trockenschleudern und auf zwei Teller verteilen. Die Füllung in die Eierhälften geben, die Hälften mit dem Kaviar garnieren und auf den Salatblättern anrichten.

1 Roastbeef-Röllchen
2 Eiertatar auf Chicorée
3 Gefüllte Eier

Snacks

Räucherlachs-Terrine

Zubereitungszeit: 40 Min.
Gelierzeit: über Nacht
Für 2 Personen (pro Portion ca. 625 kcal)

10 Scheiben Räucherlachs, 1 Stange Stauden-
sellerie, 1/2 Bund Dill, 4 Blatt Gelatine,
250 g Quark (20 % Fett i. Tr.), 150 g Dickmilch,
1–2 EL Meerrettich (aus dem Glas), Meersalz,
weißer Pfeffer, einige Spritzer Zitronensaft

1 Eine kleine Auflaufform (15 x 22 cm) mit Klar-
sichtfolie auskleiden. Auf den Boden der Form
6 Scheiben Lachs legen.

2 Den Staudensellerie putzen, waschen und in
sehr kleine Würfel schneiden. Den restlichen
Lachs in dünne Streifen schneiden. Dill waschen und trockenschütteln. Einige kleine
Zweige zum Garnieren beiseite legen und
den Rest fein hacken.

3 Die Gelatine in kaltem Wasser 5 Min. einweichen. Den Quark mit Dickmilch und Meerrettich
glatt verrühren. Mit Salz, Pfeffer und Zitronensaft kräftig würzen. Die Selleriewürfel, Lachs-
streifen und den gehackten Dill unterheben.

4 Die Gelatine ausdrücken und in einem kleinen
Topf bei schwacher Hitze auflösen. Die Gelatine rasch unter den Quark rühren. Die Quark-
masse in die Form füllen. Die Terrine abgedeckt über Nacht kalt stellen und fest werden
lassen. Vor dem Servieren stürzen und mit
dem restlichen Dill garnieren.

➤ *Kombiniert mit einem neutralen Salat*
(Rezepte ab Seite 54) wird aus dem Snack eine
Hauptmahlzeit.

Papaya mit Krabbensalat

Zubereitungszeit: 15 Min.
Für 2 Personen (pro Portion ca. 135 kcal)

125 g gegarte, tiefgekühlte Krabben,
1 Papaya, 1 Stange Staudensellerie,
1 TL abgeriebene Schale von 1 unbehandelten
Zitrone, 1 TL Zitronensaft, 1 TL Ahornsirup,
1 TL Sonnenblumenöl, Meersalz, 1 Msp.
Cayennepfeffer, 1/2 Kästchen Kresse

1 Die Krabben auftauen lassen. Die Papaya
waschen, längs halbieren und entkernen.
Auf den Unterseiten jeweils eine kleine
Scheibe abschneiden, damit die Fruchthälf-
ten stehen bleiben.

2 Den Staudensellerie waschen, putzen, eventuell Fäden abziehen und den Sellerie sehr
fein hacken. Mit Zitronenschale, Zitronensaft,
Ahornsirup und Öl verrühren.

3 Die Krabben untermischen und mit Salz und
Cayennepfeffer würzen.

4 Die Kresse vom Beet schneiden, waschen
und abtropfen lassen. Den Krabbensalat in
die Papayahälften füllen und mit der Kresse
bestreut servieren.

➤ *Kombiniert mit der Bouillabaisse oder der*
Minestrone von Seite 110 wird aus dem Snack
eine sättigende Hautpmahlzeit.

Gurkenschiffchen auf Kresse

Zubereitungszeit: 20 Min.
Für 2 Personen (pro Portion ca. 210 kcal)

**2 Mini-Gurken (à 150 g), 1/2 Bund Radieschen,
1 Kästchen Kresse, 1 EL Mayonnaise (Rezept
Seite 53), 150 g Joghurt, 3 EL Ketchup,
1 TL Worcestersauce, 1–2 Tropfen Tabasco,
Meersalz, 1 TL Zitronensaft, 100 g Krabben,
4 kleine Papierfähnchen**

1 Die Gurken streifenweise schälen, längs halbieren und von den Kernen befreien. Von der
Unterseite der Gurkenhälften einen Streifen
abschneiden, damit sie stehen bleiben.

2 Die Radieschen putzen, waschen und klein
würfeln, dabei 1 Radieschen in Scheiben
schneiden und beiseite legen. Die Kresse vom
Beet schneiden, waschen und abtropfen lassen.

3 Mayonnaise, Joghurt und Ketchup glatt verrühren. Mit Worcestersauce, Tabasco, Salz
und Zitronensaft würzen. Radieschenwürfel,
Krabben und die Hälfte der Kresse unterrühren. Die Gurkenhälften damit füllen.

4 Mit den Radieschenscheiben, der übrigen
Kresse und den Fähnchen garnieren.

1 *Räucherlachs-Terrine*
2 *Papaya mit Krabbensalat*
3 *Gurkenschiffchen auf Kresse*

Tomaten-Wraps

Zubereitungszeit: 30 Min.
Für 4 Wraps (pro Wrap ca. 340 kcal)

100 g feines Weizenvollkornmehl, 2 TL Backpulver, 1 Eigelb, Meersalz, 1 EL Olivenöl, 3 Tomaten, 1 Bund Rucola, 1 Zwiebel, 150 g Schafkäse, 8 Salatblätter, 4 EL Mais (Dose oder tiefgekühlt), Pfeffer, 150 g Joghurt, 1 TL getrockneter Thymian

1 Für den Grundteig das Mehl mit dem Backpulver mischen. Mit Eigelb, Salz, Öl und 150 ml Wasser zu einem glatten Teig verrühren.

2 Den Backofen auf 50° vorheizen. Aus dem Teig in einer beschichteten Pfanne (18–20 cm Ø) nacheinander bei starker Hitze 4 Fladen backen. Die Fladen im Backofen warm halten.

3 Tomaten waschen, ohne die Stielansätze vierteln, entkernen und klein würfeln. Rucola waschen, trockenschütteln und klein schneiden. Zwiebel schälen und fein hacken. Die Hälfte vom Schafkäse würfeln. Den Salat putzen, waschen und trockenschleudern.

4 Tomaten, Rucola, Zwiebel und Mais mischen, salzen und pfeffern. Restlichen Schafkäse zerdrücken. Mit Joghurt und Thymian verrühren. Die Tortillas damit bestreichen und mit den Salatblättern belegen.

5 Die Gemüse-Käse-Mischung in die Mitte des Fladens geben und bis auf einen Rand von etwa 2 cm gleichmäßig darauf verteilen. Die Wraps aufrollen, in der Mitte schräg durchschneiden und servieren.

Hackbällchen mit Dip

Zubereitungszeit: 30 Min.
Für 2 Personen (pro Portion ca. 415 kcal)

250 g Tomaten, 2 kleine Zwiebeln, 2 Knoblauchzehen, 1/2 rote Paprikaschote, 1 grüne Chilischote, 1 EL Tomatenmark, 3 EL Gemüsebrühe, Meersalz, Pfeffer, 2 EL gehackte Petersilie, 1 Zweig Majoran, 300 g Rinderhackfleisch, Meersalz, 1–2 TL Sambal oelek, 1 EL Olivenöl, 1 große gelbe Paprikaschote

1 Stielansätze der Tomaten entfernen. Tomaten kurz überbrühen, häuten, entkernen und würfeln. Zwiebeln und Knoblauch schälen, beides fein würfeln. Die rote Paprikaschote putzen, waschen und klein würfeln. Chilischote putzen, waschen und in feine Streifen schneiden.

2 Tomaten, die Hälfte der Zwiebeln und Knoblauch, Chili und Paprika in einen Topf geben. Tomatenmark und Brühe unterrühren, alles aufkochen lassen und offen bei schwacher Hitze 10–12 Min. köcheln lassen, dabei gelegentlich umrühren. Mit Salz und Pfeffer würzen. Die Petersilie unterrühren. Den Dip kalt stellen.

3 Den Majoran waschen, trockenschütteln, die Blättchen fein hacken. Restliche Zwiebel, übrigen Knoblauch und Majoran mit dem Hackfleisch verkneten. Mit Salz und Sambal oelek würzen. Aus dem Fleischteig 12 kleine Kugeln formen.

4 Das Öl in einer beschichteten Pfanne erhitzen und die Hackbällchen darin bei mittlerer Hitze in 8–10 Min. rundum braun braten.

5 Die gelbe Paprikaschote halbieren, putzen und waschen. Die Hälften mit dem Dip füllen. Mit den Hackbällchen servieren.

Gefüllte Tomaten

Zubereitungszeit: 15 Min.
Backzeit: ca. 30 Min.
Für 2 Personen (pro Portion ca. 390 kcal)

4 Fleischtomaten, 300 g reife Tomaten,
2 EL Tomatenmark, Meersalz, Pfeffer,
je 2 TL getrockneter Rosmarin und Thymian,
1 TL Sambal oelek, 1 kleine Zwiebel,
300 g Rinderhackfleisch, 1 Ei

1 Die Fleischtomaten waschen und jeweils an
der runden Seite einen Deckel abschneiden.
Die Tomaten mit einem Löffel aushöhlen.
Das ausgelöste Fruchtfleisch in ein Sieb
geben und den Saft dabei auffangen. Den
Backofen auf 170° vorheizen.

2 Stielansätze der Tomaten entfernen. Tomaten
kurz überbrühen, häuten und grob würfeln.
Mit abgetropftem Saft und Tomatenmark verrühren. Mit Salz, Pfeffer, Rosmarin, Thymian
und Sambal oelek würzen. Die Tomaten in eine
mittelgroße Auflaufform geben.

3 Die Zwiebel schälen und fein würfeln. Hackfleisch mit Zwiebel und Ei verkneten, salzen
und pfeffern. Die Fleischmasse in die Tomaten
geben und den Deckel obenauf setzen. Die
gefüllten Tomaten in die Form mit der Tomatensauce geben und im Backofen (Mitte, Umluft 160°) 30 Min. backen.

1 *Tomaten Wraps*
2 *Hackbällchen mit Dip*
3 *Gefüllte Tomaten*

Champignon-Käse-Toast

Zubereitungszeit: 20 Min.
Für 2 Personen (pro Portion ca. 265 kcal)

**100 g Champignons, 1 Zwiebel, 1 TL Sonnen-
blumenöl, Meersalz, 1 TL getrockneter Oregano,
2 Scheiben Vollkornbrot, 2 dünne Scheiben Käse
(z. B. Emmentaler)**

1 Die Champignons putzen, eventuell abreiben
und in dünne Scheiben schneiden. Die Zwiebel schälen, halbieren und in dünne Halbringe
schneiden.

2 Das Öl in einer beschichteten Pfanne erhitzen.
Champignons und Zwiebel darin bei mittlerer
Hitze 3 Min. anbraten. Mit Salz und Oregano
würzen.

3 Den Grill vorheizen. Die Brotscheiben toasten,
die Champignons darauf verteilen und mit je
1 Scheibe Käse belegen.

4 Die Toasts im Grill 10 Min. überbacken, bis der
Käse geschmolzen ist.

Variante: Brot-Pizza
2 Scheiben Vollkornbrot von beiden Seiten mit
Butter bestreichen und in einer beschichteten
Pfanne von beiden Seiten knusprig braten.
60 g Camembert (60 % Fett i. Tr.) in Scheiben
schneiden und auf die Brote legen. Den Käse
zugedeckt bei schwacher Hitze schmelzen las-
sen. 1 Tomate waschen und in Scheiben schnei-
den. Die Brot-Pizza anrichten und mit Tomaten-
scheiben belegen. Mit 1 TL Oregano bestreut
servieren.

Zucchini mit Eiersahne

Zubereitungszeit: 25 Min.
Für 2 Personen (pro Portion ca. 260 kcal)

**1 Zucchino, Meersalz, 2 Frühlingszwiebeln,
1 Knoblauchzehe, 1 TL Olivenöl, Pfeffer,
4 Eier, 2 EL Sahne, 3 EL Mineralwasser,
Muskatnuss, frisch gerieben**

1 Zucchino waschen, putzen und in Scheiben
schneiden, dann salzen und 10 Min. ziehen
lassen.

2 Die Frühlingszwiebeln putzen und waschen.
Das Weiße in schräge Scheibchen und das
Grün in Röllchen schneiden. Den Knoblauch
schälen.

3 Die Zucchinischeiben ausdrücken. Das Öl erhitzen. Die Frühlingszwiebelscheibchen darin
bei schwacher Hitze glasig werden lassen.
Zucchino zugeben und bei mittlerer Hitze unter
Rühren 2 Min. anbraten. Den Knoblauch dazupressen und mit Pfeffer würzen.

4 Eier, Sahne und Wasser verquirlen. Mit Muskat
und Salz würzen.

5 Das Gemüse mit der Eiersahne übergießen
und zugedeckt bei schwacher Hitze 10 Min.
stocken lassen. Mit den Frühlingszwiebelröllchen bestreut servieren.

➤ *Statt Frühlingszwiebeln können Sie auch eine*
Schalotte klein würfeln und zum Bestreuen
1/2 Bund Schnittlauch in Röllchen schneiden.

Tomaten-Frittata

Zubereitungszeit: 20 Min.
Für 2 Personen (pro Portion ca. 320 kcal)

4 Tomaten, 40 g Gouda, 4 Eier, 2 EL Sahne, 2 EL Mineralwasser, Muskatnuss, frisch gerieben, Meersalz, 1 Zweig Basilikum, 1 TL Sonnenblumenöl

1 Die Tomaten waschen, von den Stielansätzen befreien und in etwa 1 cm dicke Scheiben schneiden. Den Käse reiben.

2 Eier, Sahne und Mineralwasser verquirlen und den Käse untermischen. Mit Muskat und Salz würzen. Das Basilikum waschen, trockenschütteln und die Blättchen abzupfen.

3 Das Öl in einer beschichteten Pfanne erhitzen. Die Hälfte der Tomatenscheiben darin bei mittlerer Hitze 2 Min. braten.

4 Die Hälfte der Käse-Eier-Sahne dazugießen und bei starker Hitze 1 Min. braten, dann wenden und die andere Seite 2 Min. braten.

5 Aus den restlichen Tomaten und der übrigen Käse-Eier-Sahne eine zweite Frittata backen. Auf zwei Tellern anrichten und mit Basilikum garniert servieren.

➤ *Mit einem neutralen Salat als Vorspeise oder Beilage (Rezepte ab Seite 54) wird daraus eine sättigende Hauptmahlzeit.*

1 *Champignon-Käse-Toast*
2 *Zucchini mit Eiersahne*
3 *Tomaten-Frittata*

Salate, Suppen & Gemüse

Salat und Gemüse spielen in der Trennkost eine herausragende Rolle.
Beide zählen in ihrer ganzen Vielfalt zur neutralen Gruppe, dürfen
jederzeit in beliebiger Menge gegessen werden und versorgen den
Körper mit lebenswichtigen Vitalstoffen.

Frisch und aus dem Freilandanbau schmecken Salat und Gemüse nicht nur solo, sondern auch kombiniert mit Eiweiß- oder Kohlenhydratmahlzeiten. Ob als Vorspeise oder Beilage, roh oder gegart – eine große Portion Salat, Rohkost oder Gemüse gehört in der Trennkost zu jedem Hauptgericht. Sparen Sie beim Würzen nicht mit Kräutern – alle frischen und getrockneten sind neutral. Frische Kräuter sind wie Gemüse Basenbildner, vitamin- und mineralstoffreich.

Mit Vollkornbrot oder Vollkornbrötchen schnell kombiniert haben Sie eine leichte sättigende Kohlenhydratmahlzeit, mit Schinken und Käsestreifen, einem kleinen Steak oder einem Ei entsteht eine leckere Eiweißmahlzeit.

Salat und Rohkost passen zur Eiweißmahlzeit, wenn sie mit einem Dressing aus Essig oder Zitronensaft angemacht werden. Als Begleiter zu einer Kohlenhydratmahlzeit schmeckt eine Salatsauce aus Obstessig, Soja Creme oder saurer Sahne.

Essig und Öl

Zu einer guten Salatsauce gehören milde Essigsorten und hochwertige Öle. Aromatische, beinahe säurearme Essigsorten sind Apfelessig, Sherry-essig, Himbeeressig, Aceto balsamico und gute Weinessigsorten. Achten Sie beim Einkauf auf das Etikett. Der Säuregehalt sollte bei höchstens 5 Prozent liegen.

Für Eiweißsalatsaucen können Sie zusätzlich Zitronensaft verwenden, für Kohlenhydratsalatsaucen Apfel- oder Obstessig.

An Ölen sind in der Trennkost naturbelassene, kaltgepresste und nicht behandelte Öle empfehlenswert, vor allem Oliven-, Raps-, Distel-, Sonnen-blumen- Leinsamen- und Maiskeimöl. Wer es intensiver im Geschmack liebt, nimmt Traubenkern- und Sesamöl, Haselnuss- oder Walnussöl.

Gemüsebrühe

Suppen und Eintöpfe können eine schnelle Vorspeise, ein sättigendes Hauptgericht oder eine leichte, wärmende Zwischenmahlzeit sein. Grund-lage ist neben Gemüse eine kräftige Brühe.

Frisch gekocht schmeckt Gemüsebrühe zwar am besten, doch eine Zeit sparende und trennkostgerechte Alternative ist die vegetarische Gemüse-brühe aus dem Reformhaus. Die Streuwürze wird aus pflanzlichen Zutaten hergestellt, ist cholesterin- und glutenfrei und enthält keine gehärteten Fette. Die Instantbrühe ist von verschiedenen Herstellern erhältlich und kann teelöffelweise als Gewürz oder in Wasser aufgelöst vielseitig ver-wendet werden.

Gemüse mit Biss

Möglichst erntefrisch und roh lässt sich Gemüse vielseitig verwenden. Tomaten-, Gurken-, Möhren-, Kohlrabi-, Radieschen- oder Rettichscheiben und Salatblätter jeder Art sorgen als vitaminreicher Belag auf Vollkornbrot oder Vollkornbrötchen für Abwechslung.

Die schonendste Zubereitungsart für Gemüse ist das Dämpfen, also das Garen im Dampf. Zum Dämpfen von Brokkoli, Blumenkohl, Erbsen, Fenchel, Lauch oder Spargel brauchen Sie entweder ein asiatisches Dampfkörbchen, einen gelochten Dämpfeinsatz oder einen flexiblen Locheinsatz aus Metall, der sich allen Topf-, Wok- oder Pfannengrößen anpasst.

Den Topfboden mit etwas Wasser oder Brühe bedecken. Das Gemüse im Dämpfeinsatz hineinstellen und die Flüssigkeit zugedeckt aufkochen lassen. So gegart, behält das Gemüse sein typisches Aroma und die frische Farbe.

Soja-Creme-Dressing

100 g Soja Creme mit 2 TL Dijon-Senf, 1 TL Apfeldicksaft, 1 TL Obst-essig, Salz und Pfeffer verrühren. Passt als Dip zu Gemüsebratlingen, Grillgemüse oder zum Anmachen von Gemüsesalaten.

Gemüsecreme-suppe

100 g gegartes Gemüse vom Vortag (z. B. Brokkoli und Blumenkohl, Kohlrabi und Möhren, Wirsing und Rosenkohl) mit 1/2 l Wasser und 1 TL Gemüsebrühe zum Kochen bringen und 2–3 Min. köcheln lassen. Im Mixer oder mit dem Pürierstab fein pürieren. Das Püree mit 1–2 EL Soja Creme, Sahne oder Creme fraîche verrühren und einmal aufkochen lassen. Mit Gemüse in Würfeln oder geraspelt und fein gehackten Kräutern servieren.

Grillgemüse

Je 1 rote und gelbe Paprikaschote vierteln, putzen und waschen. Je 200 g Zucchini und Auberginen waschen, putzen und in Scheiben schneiden. 1 Gemüsezwiebel schälen und in schmale Spalten schneiden. Den Backofen auf 250° vorheizen. 2 EL Olivenöl mit Rosmarin und Thymian verrühren. Den Rost mit Alufolie belegen und mit Würzöl bestreichen. Das Gemü-se darauf legen, mit dem übrigen Öl bestreichen, salzen und pfeffern und 20 Min. rösten, zwischendurch einmal wenden. Mit einem Dip aus 150 g Schmand, 1 gehackten Knob-lauchzehe, 1 El gehacktem Basili-kum, Salz und Pfeffer servieren.

Petersilien-Sesam-Sauce

Zubereitungszeit: 15 Min.
Für 6 Personen (pro Portion ca. 135 kcal)

**1 Bund Petersilie, 3–4 Knoblauchzehen,
1 EL Sesamsamen, 1/2 TL Meersalz, 1/8 l Olivenöl**

1 Die Petersilie waschen, trockenschütteln und sehr fein hacken. Den Knoblauch schälen und ebenfalls fein hacken.

2 Petersilie, Knoblauch, Sesamsamen und Salz in einem Mörser zerreiben, bis eine sämige Paste entsteht. 2 EL Öl tropfenweise zugeben.

3 Die Paste in eine Schüssel geben und das restliche Öl unterschlagen.

➤ *Passt sehr gut zu gegrilltem Fleisch, Fisch und als Dressing zu allen Blattsalaten, z. B. Eichblattsalat, Friséesalat, Bataviasalat, Römischer Salat.*

Knoblauchsauce

Zubereitungszeit: 10 Min.
Für 2 Personen (pro Portion ca. 170 kcal)

**100 g Dickmilch, 75 g Crème fraîche,
2–3 Knoblauchzehen, Meersalz, 1 Zweig Kerbel**

1 Dickmilch mit Crème fraîche glatt verrühren. Den Knoblauch schälen, dazupressen und unterrühren. Mit Salz würzen. In einem Schälchen anrichten und mit dem Kerbel garnieren.

➤ *Die Knoblauchsauce passt als Dip zu Kartoffeln, gegrilltem Fleisch und Fisch sowie als Dressing zu Blattsalaten, z. B. Lollo bianco und rosso, Kopfsalat, Eisbergsalat.*

Kräuter-Vinaigrette

Zubereitungszeit: 5 Min.
Für 2 Personen (pro Portion ca. 100 kcal)

1 Schalotte, 1 Bund Kräuter (z. B. Dill, Petersilie, Salbei und Schnittlauch), 1 1/2 EL Obstessig, 4 EL Gemüsebrühe, Meersalz, Pfeffer aus der Mühle, 2 EL Sonnenblumenöl

1 Die Schalotte schälen und in kleine Würfel schneiden. Die Kräuter waschen, trockenschütteln und fein hacken.

2 Den Essig mit Brühe, Salz und Pfeffer verrühren. Das Öl unterschlagen. Zwiebelwürfel und Kräuter untermischen.

➤ *Passt zu allen Blattsalaten, z. B. Feldsalat, Löwenzahnsalat, Endiviensalat, Spinat, Radicchio.*
➤ *Wenn Sie statt Obstessig Zitronensaft oder Aceto balsamico verwenden, zählt die Vinaigrette zur Eiweißgruppe.*

Blue-Cheese-Dressing

Zubereitungszeit: 10 Min.
Für 2 Personen (pro Portion ca. 155 kcal)

1/2 Bund Petersilie, 60 g Blauschimmelkäse (z. B. Mont Salvat oder Danablu), 150 g Kefir, 1 TL Senf, Pfeffer, 1 TL Obstessig

1 Die Petersilie waschen, trockenschütteln und fein hacken. Den Käse mit einer Gabel zerdrücken und mit 2 EL heißem Wasser cremig verrühren. Kefir, Senf, Pfeffer, Essig und Petersilie unterrühren.

Sauce Tatar

Zubereitungszeit: 15 Min.
Für 2 Personen (pro Portion ca. 225 kcal)

**1 Ei, 1 Gewürzgurke, 3 TL Kapern, 1/2 Bund
Petersilie, 1 EL weißer Aceto balsamico,
1 TL Dijon-Senf, Salz, Pfeffer, 2 EL Weizenkeimöl,
50 g Soja Creme**

1 Das Ei in 10–12 Min. hart kochen, mit kaltem
Wasser abschrecken und pellen. Das Ei längs
halbieren und das Eigelb herauslösen. Das
Eiweiß fein hacken.

2 Gurke sehr klein schneiden. Kapern hacken.
Petersilie waschen und fein hacken. Essig mit
Eigelb, Senf, Salz und Pfeffer verrühren. Öl und
Soja Creme unterrühren. Eiweiß, Gurke, Kapern
und Petersilie untermischen. Gekühlt servieren.

➤ *Diese Sauce passt zu gegrilltem Fisch.*

Mayonnaise

Zubereitungszeit: 15 Min.
Für 2 Personen (pro Portion ca. 345 kcal)

**1 frisches Eigelb, 100 ml Sonnenblumenöl,
1 TL Dijon-Senf, Meersalz, 1 Knoblauchzehe**

1 Eigelb kräftig verschlagen. Öl tropfenweise
unterschlagen, weiterschlagen, bis eine dick-
liche Masse entsteht. Mit Senf und Salz würzen.
Knoblauch schälen, zupressen und vermischen.

---

1 *Petersilien-Sesam-Sauce*
2 *Blue-Cheese-Dressing*
3 *Sauce Tatar*

Orangen-Fenchel-Salat

Zubereitungszeit: 10 Min.
Für 2 Personen (pro Portion ca. 205 kcal)

2 EL ungeschwefelte Rosinen, 1 Orange, 1 Fenchelknolle, 50 ml frisch gepresster Orangensaft, 3 EL Schmand, 1 TL Apfeldicksaft, Meersalz, 1 Msp. Cayennepfeffer

1 Rosinen mit kochendem Wasser übergießen und 5 Min. ziehen lassen. Orange schälen und die Fruchtfilets zwischen den Trennhäuten herauslösen, dabei den abtropfenden Saft auffangen.

2 Fenchel putzen, etwas Fenchelgrün hacken und beiseite legen. Die Knolle waschen, halbieren und den mittleren Strunk keilförmig herausschneiden. Die Hälften quer in dünne Streifen schneiden und mit Orangenfilets mischen.

3 Orangensaft, Schmand und Apfeldicksaft verrühren. Mit Salz und Cayennepfeffer würzen. Die Rosinen abgießen und unter das Dressing mischen.

4 Mit Fenchel und Orangenfilets vermischen. Den Salat anrichten und mit Fenchelgrün garniert servieren.

➤ *Orangen, Mandarinen oder Grapefruits filetieren ist ganz einfach. Die Schale abschneiden, dann mit einem scharfen Messer die Filets aus den Trennhäuten herauslösen. Dabei die Frucht über eine Tasse oder kleine Schüssel halten, um den abtropfenden Saft aufzufangen.*

Möhren-Champignon-Carpaccio

Zubereitungszeit: 30 Min.
Für 2 Personen (pro Portion ca. 100 kcal)

250 g Möhren, 100 g Champignons, 3 Zweige Petersilie, 2 EL Zitronensaft, 3 EL Marsala, 1 TL Frutilose, Meersalz, weißer Pfeffer, 1 EL Weizenkeimöl

1 Die Möhren waschen, putzen und mit Schale in 15 Min. bissfest garen, dann abgießen und etwas abkühlen lassen.

2 Die Möhren schälen und längs in dünne Scheiben schneiden.

3 Die Champignons putzen, eventuell abreiben, in Scheiben schneiden und mit den Möhren auf zwei Tellern anrichten. Petersilie waschen, trockenschütteln und fein hacken.

4 Zitronensaft, Marsala, Frutilose, Salz und Pfeffer verrühren. Das Öl unterschlagen. Das Dressing über das Carpaccio träufeln. Das Carpaccio mit Petersilie bestreut servieren.

Variante
Statt Marsala können Sie Madeira, trockenen Sherry, roten Portwein oder naturreinen Traubensaft verwenden.

➤ *Gemüse und Öl harmonieren hervorragend. Ein feines Öl – und da sollten Sie nicht sparen – umgibt hauchdünne Gemüsescheibchen mit bestem Aroma und sorgt auch noch dafür, dass fettlösliche Vitamine dort ankommen, wo sie hin sollen: in die unzähligen Körperzellen.*

Apfel-Kohlrabi-Salat mit Rosinen

Zubereitungszeit: 15 Min.
Für 2 Personen (pro Portion ca. 315 kcal)

1 großer säuerlicher Apfel, 1 EL Zitronensaft, 2 junge Kohlrabi, 2 EL ungeschwefelte Rosinen, 2 EL Mayonnaise (Rezept Seite 53), 3 EL saure Sahne, 1 TL Meerrettich (aus dem Glas), 60 ml naturreiner Apfelsaft, Meersalz, einige Sauerampferblätter

1 Apfel waschen, vierteln, entkernen, in kleine Würfel schneiden und mit Zitronensaft beträufeln. Den Kohlrabi schälen und grob raspeln. Mit Apfel und Rosinen mischen.

2 Mayonnaise und saure Sahne glatt verrühren. Meerrettich und Apfelsaft unterrühren und die Sauce mit Salz würzen.

3 Den Salat mit dem Dressing mischen, anrichten und mit Sauerampfer garniert servieren.

➤ *Statt Sauerampfer können Sie Rucola, grob gehackte glatte Petersilie oder Kohlrabigrün verwenden.*

1 Orangen-Fenchel Salat
2 Möhren-Champignon-Carpaccio
3 Apfel-Kohlrabi-Salat mit Rosinen

Paprika-Tomaten-Salat mit Mais

Zubereitungszeit: 15 Min.
Für 2 Personen (pro Portion 230 kcal)

**1 grüne Paprikaschote, 2 Tomaten, 2 Frühlings-
zwiebeln, 100 g Mais (Dose oder tiefgekühlt),
1/2 Bund Basilikum, 1 TL Obstessig, Meersalz,
Pfeffer, 1 EL Olivenöl**

1 Die Paprikaschote halbieren, putzen, waschen und klein würfeln. Die Tomaten waschen, von den Stielansätzen befreien und in Scheiben schneiden.

2 Die Frühlingszwiebeln putzen und waschen. Das Weiße schräg in dünne Scheiben und das Grün in Röllchen schneiden.

3 Paprikawürfel, Tomatenscheiben, Mais und den weißen Teil der Frühlingszwiebeln locker mischen.

4 Basilikum waschen, trockenschütteln und fein hacken. Für das Dressing Essig mit 5 EL Wasser, Salz und Pfeffer verrühren. Das Öl unterschlagen und das Basilikum unterrühren.

5 Die Salatzutaten mit dem Dressing mischen, anrichten und mit dem Frühlingszwiebelgrün bestreut servieren.

➤ *Wer grüne Paprikaschoten nicht verträgt, häutet sie oder verwendet die gelbe, rote oder orangefarbene Sorte. Zum Häuten der Paprika-schoten den Backofen auf 200° vorheizen. Die Paprikaschoten halbieren, putzen, waschen und auf ein Blech legen. Im Backofen (Mitte, Umluft 180°) 10–15 Min. braten. Herausnehmen, ab-kühlen lassen und vorsichtig die Haut abziehen.*

Bohnen-Pilz-Salat mit Senfsauce

Zubereitungszeit: 30 Min.
Für 2 Personen (pro Portion ca. 255 kcal)

**350 g grüne Bohnen, Meersalz,
1 Zweig Bohnenkraut, 100 g Champignons,
2 Tomaten, 1 Schalotte, 50 g Soja Creme,
4 EL warme Gemüsebrühe, 1 EL Obstessig,
1 TL getrockneter Majoran, 2–3 TL mittelscharfer
Senf, 4 EL Mais (Dose oder tiefgekühlt)**

1 Die Bohnen waschen, putzen und in etwa 3 cm lange Stücke schneiden. Wenig leicht gesalzenes Wasser zum Kochen bringen. Bohnen und Bohnenkraut zugeben und die Bohnen in 15 Min. bissfest garen.

2 Die Bohnen herausnehmen, kalt abschrecken und abkühlen lassen.

3 Die Champignons putzen, eventuell abreiben und in Scheiben schneiden. Die Tomaten waschen und ohne die Stielansätze in Achtel schneiden.

4 Für die Sauce die Schalotte schälen und fein würfeln. Die Soja Creme mit Brühe, Essig, Schalotte, Salz, Majoran und Senf verrühren.

5 Bohnen, Champignons, Tomaten und Mais mit dem Dressing mischen und auf zwei Tellern anrichten.

➤ *Zur Abwechslung können Sie statt der Cham-pignons ebenso gut Egerlinge oder Austernpilze verwenden. Statt mit Senfsauce schmeckt der Salat auch mit der Knoblauchsauce (Rezept Seite 52) oder dem Soja-Creme-Dressing von Seite 51 sehr gut.*

Möhren-Kraut-Salat mit Schinkenwürfeln

Zubereitungszeit: 20 Min.
Marinierzeit: 1 Std.
Für 2 Personen (pro Portion ca. 270 kcal)

2 Möhren, 400 g Weißkohl, 1 Zwiebel, Meersalz, 1 TL Kümmel, 1/8 l Gemüsebrühe, 40 g Rinderschinken, 1 EL Mayonnaise (Rezept Seite 53), 4 EL saure Sahne, 1 EL Obstessig

1 Die Möhren putzen, schälen und fein raspeln. Den Weißkohl von den äußeren Blättern befreien, halbieren und den mittleren Strunk entfernen. Den Kohl in feine Streifen hobeln. Die Zwiebel schälen und fein hacken.

2 Möhrenraspel und Weißkohlstreifen mischen. Mit Salz und Kümmel bestreuen und alles kräftig stampfen, damit der Kohl etwas mürbe wird.

3 Die Brühe zum Kochen bringen, über die Möhren und den Kohl gießen und abgedeckt im Kühlschrank 1 Std. ziehen lassen.

4 Inzwischen den Schinken in kleine Würfel schneiden. Mayonnaise, saure Sahne und Essig glatt verrühren. Das Dressing unter den Kohl mischen. Den Salat anrichten und mit Schinkenwürfeln bestreut servieren.

1 *Paprika-Tomaten-Salat mit Mais*
2 *Bohnen-Pilz-Salat mit Senfsauce*
3 *Möhren-Kraut-Salat mit Schinkenwürfeln*

Spinatsalat

Zubereitungszeit: 20 Min.
Für 2 Personen (pro Portion ca. 295 kcal)

1 kleine Zwiebel, Meersalz, 100 g Chinakohl,
200 g Blattspinat, 2 Tomaten, 2 EL Pinienkerne,
1/2 Bund Petersilie, 1 Knoblauchzehe, 1 EL Obstessig, 8 EL Gemüsebrühe, 3 EL Kürbiskernöl,
30 g Original Parmesan, frisch gerieben, Pfeffer

1 Zwiebel schälen, in Ringe schneiden, salzen
und ziehen lassen. Chinakohl putzen, in feine
Streifen schneiden, waschen und abtropfen
lassen. Spinat verlesen, waschen, abtropfen
lassen und in grobe Streifen schneiden. Tomaten waschen, entkernen und fein würfeln.

2 Zwiebel waschen und trockentupfen. Mit Chinakohl, einem Drittel Spinat und Tomatenwürfeln
mischen. Pinienkerne goldbraun rösten.

3 Petersilie waschen und die Blättchen abzupfen.
Knoblauch schälen. Beides mit restlichem
Spinat, Essig, Brühe, Öl und Parmesan pürieren.
Mit Salz und Pfeffer würzen. Salat anrichten.
Dressing und Pinienkerne darüber geben.

Feldsalat mit Mango und Cashewkernen

Zubereitungszeit: 20 Min.
Für 2 Personen (pro Portion ca. 180 kcal)

100 g Feldsalat, 1 große Mango, 12 Cashewkerne, 10 Minzeblättchen, 60 ml frisch gepresster
Orangensaft, 4 EL trockener Riesling, Meersalz,
1 Msp. Cayennepfeffer

1 Den Salat waschen, putzen und trockenschleudern. Mango schälen und klein würfeln. Feldsalat und Mango mischen.

2 Die Cashewkerne in einer kleinen beschichteten
Pfanne ohne Fett goldbraun rösten.

3 Für das Dressing die Minzeblättchen waschen
und fein hacken. Orangensaft und Wein mischen. Die Minze unterrühren und das Dressing
mit Salz und Cayennepfeffer würzen.

4 Den Salat auf zwei Tellern anrichten, mit dem
Dressing beträufeln und mit Cashewkernen
bestreuen.

Bunter Vitaminsalat mit Orangen-Dressing

Zubereitungszeit: 20 Min.
Für 2 Personen (pro Portion ca. 150 kcal)

20 junge Spinatblätter, 1 rote Paprikaschote, 1 große Orange, 1 Bund Radieschen, 70 ml frisch gepresster Orangensaft, 1 EL Zitronensaft, 5 EL Soja Creme, Meersalz, 1 TL rosa Pfefferkörner (ersatzweise bunte Pfefferkörner)

1 Spinat waschen, verlesen und gut abtropfen lassen. Paprikaschote halbieren, putzen, waschen und in Würfel schneiden. Orange schälen, und das Fruchtfleisch klein würfeln. Radieschen putzen und in Scheiben schneiden. Alles mischen.

2 Für das Dressing Orangen- mit Zitronensaft und Soja Creme verrühren. Mit Salz würzen.

3 Den Salat mit dem Dressing anmachen und auf zwei Tellern anrichten. Die Pfefferkörner mit einem breiten Messer zerdrücken und über den Salat streuen.

Blattsalat mit Grapefruit und Parmesan

Zubereitungszeit: 20 Min.
Für 2 Personen (pro Portion ca. 280 kcal)

1 Chicorée, 1/2 Friséesalat, 1 kleiner Radicchio, 1 rosa Grapefruit, 1 rote Zwiebel, 3 EL Rotwein, 1 TL Senf, Pfeffer, Meersalz, 1 EL Walnussöl, 40 g Parmesan, 3 EL gehackte Walnusskerne

1 Chicorée putzen, halbieren und den mittleren Strunk keilförmig herausschneiden. Die Hälften in Streifen schneiden, waschen und abtropfen lassen. Friséesalat und Radicchio putzen, waschen, zerpflücken und trockenschleudern.

2 Grapefruit halbieren und den Saft von einer Hälfte auspressen. Die andere Hälfte schälen und klein würfeln. Zwiebel schälen und in Ringe schneiden. Beides mit dem Salat mischen.

3 Wein mit Grapefruitsaft, Senf, Pfeffer und Salz verrühren. Das Öl unterschlagen. Den Salat damit anmachen und anrichten. Den Käse darüber hobeln und mit Nüssen garnieren.

59

Suppen

Möhrencremesuppe mit Ingwer

Zubereitungszeit: 25 Min.
Für 2 Personen (pro Portion ca. 135 kcal)

300 g Möhren, 1 Stück frischer Ingwer (etwa haselnussgroß), 1 EL Butter, 400 ml Gemüsebrühe, 1/2 Bund Petersilie, 2 EL saure Sahne

1 Die Möhren putzen, schälen und in Würfel schneiden. Den Ingwer schälen und fein hacken.

2 Die Butter in einem Topf schmelzen lassen. Möhren und Ingwer darin bei mittlerer Hitze 3 Min. anbraten. Die Brühe dazugießen und zugedeckt bei schwacher Hitze 15 Min. köcheln lassen.

3 Inzwischen die Petersilie waschen, trockenschütteln und fein hacken.

4 Den Topf von der Herdplatte nehmen und die Möhren mit dem Pürierstab fein pürieren. Die saure Sahne unterrühren und die Suppe erhitzen, aber nicht mehr kochen lassen.

5 Die Suppe auf zwei tiefen Tellern anrichten und mit Petersilie bestreut servieren.

➤ *Ganz frischer Ingwer hat ein scharf-würziges und zitroniges Aroma. Ingwer, der eventuell schon holzig geworden ist, können Sie schälen, in dicke Scheiben schneiden und mitgaren. Die Ingwerscheiben dann vor dem Pürieren entfernen. Statt mit frischem Ingwer können Sie die Suppe auch mit Ingwerpulver würzen.*

Kürbis-Birnen-Suppe mit Honig

Zubereitungszeit: 30 Min.
Für 2 Personen (pro Portion ca. 240 kcal)

500 g Kürbis, 2 Birnen, 1 Schalotte, 1 TL Sonnenblumenöl, 1/8 l naturreiner Apfelsaft, 1/4 l Gemüsebrühe, Meersalz, 1 Msp. Cayennepfeffer, 1 TL Honig, 1 TL Zimtpulver, einige frische Minzeblättchen

1 Den Kürbis schälen, entkernen und in kleine Würfel schneiden. Die Birnen schälen, vierteln, entkernen und in Spalten schneiden. Die Schalotte schälen und grob hacken.

2 Das Öl in einem Topf erhitzen. Die Schalotte darin bei schwacher Hitze glasig werden lassen. Kürbis und Birnen dazugeben und unter Rühren 4 Min. anbraten.

3 Apfelsaft und Brühe angießen und zugedeckt bei mittlerer Hitze 12–15 Min. kochen lassen. Die Suppe mit Salz, Cayennepfeffer, Honig und Zimt würzen.

4 Den Topf von der Herdplatte nehmen und alles mit dem Pürierstab fein pürieren. Die Suppe anrichten und mit Minze garniert servieren.

➤ *Kürbis gibt es hauptsächlich von Ende August bis November. Da er sich gut lagern lässt, sind manche Sorten sogar bis Februar erhältlich. Nach dem Anschneiden einen ganzen Kürbis am besten mit Folie vor dem Austrocknen schützen, kühl lagern und bald verbrauchen.*

Gurkenkaltschale

Zubereitungszeit: 20 Min.
Gefrierzeit: 30 Min.
Für 2 Personen (pro Portion ca. 55 kcal)

1 geh. TL Gemüsebrühe, 1 Bund Dill,
300 g Salatgurke, 1 kleine Zwiebel,
1 Knoblauchzehe, 100 g Joghurt,
1 EL Zitronensaft, 1 Msp. Cayennepfeffer

1 300 ml Wasser mit Brühe aufkochen und abkühlen lassen.

2 Den Dill waschen, trockenschütteln und fein hacken. Die Gurke schälen, halbieren und in Würfel schneiden. Zwiebel und Knoblauch schälen, beides grob hacken.

3 Gurkenwürfel mit Zwiebel, Knoblauch und Brühe im Mixer oder mit dem Püri5erstab fein pürieren.

4 Den Joghurt unterrühren. Die Kaltschale mit Zitronensaft und Cayennepfeffer kräftig abschmecken. Die Kaltschale anrichten und mit Dill bestreut servieren.

➤ *Zum Servieren 80 ml H-Milch 20 Min. ins Gefrierfach stellen, dabei zwischendurch umrühren. Die angefrorene Milch mit dem Pürierstab aufschlagen und den Milchschaum auf die Kaltschale geben und mit Dill bestreut servieren. So wird die Kaltschale zur Eiweißmahlzeit.*

1 Möhrencremesuppe mit Ingwer
2 Kürbis-Birnen-Suppe mit Honig
3 Gurkenkaltschale

Rucolacremesuppe mit Croûtons

Zubereitungszeit: 40 Min.
Für 2 Personen (pro Portion ca. 230 kcal)

1 kleine Zwiebel, 2–3 Knoblauchzehen, 1/2 Bund Suppengrün, Vollkornbrötchen vom Vortag, 3 TL Butter, 350 ml Gemüsebrühe, 1/2 Bund Rucola, 2 EL Sahne, Meersalz, 1 TL abgeriebene Zitronenschale

1 Zwiebel und Knoblauch schälen, beides fein würfeln. Das Suppengrün putzen, waschen und klein schneiden. Für die Croûtons das Brötchen in kleine Würfel schneiden.

2 1 TL Butter in einem Topf schmelzen lassen. Zwiebel und die Hälfte vom Knoblauch darin bei schwacher Hitze glasig werden lassen.

3 Das Suppengrün dazugeben und 2 Min. mitbraten. Die Brühe dazugießen und zugedeckt bei schwacher Hitze 15 Min. köcheln lassen.

4 Inzwischen den Rucola waschen, von den harten Stielen befreien und abtropfen lassen. Die restliche Butter in einer beschichteten Pfanne schmelzen lassen. Brötchenwürfel und übrigen Knoblauch darin bei mittlerer Hitze in 5 Min. knusprig braten.

5 Die Sahne unter die Suppe rühren. Die Suppe einmal kräftig aufkochen lassen, dann mit Salz und Zitronenschale würzen.

6 Den Rucola dazugeben und alles mit dem Pürierstab pürieren. Die Suppe anrichten und mit Croûtons bestreut servieren.

Champignon-Kartoffel-Creme-Suppe

Zubereitungszeit: 30 Min.
Für 2 Personen (pro Portion ca. 140 kcal)

150 g Kartoffeln, 100 g Champignons, 1 Schalotte, 1 TL Butter, 1 EL Gemüsebrühe, 1 TL getrockneter Thymian, 1 Msp. Cayennepfeffer, 3 EL Sahne, 4 Salbeiblätter (ersatzweise 1 EL gehackte Petersilie)

1 Kartoffeln waschen, schälen und klein würfeln. Champignons putzen, eventuell abreiben und klein schneiden, dabei 2 EL zum Garnieren beiseite legen. Die Schalotte schälen und fein hacken.

2 Die Butter in einem Topf schmelzen lassen. Die Schalotte darin bei schwacher Hitze glasig werden lassen. Kartoffeln und Champignons zugeben und bei mittlerer Hitze unter Rühren 3 Min. anbraten.

3 400 ml Wasser dazugießen. Mit Brühe, Thymian und Cayennepfeffer würzen. Die Suppe zugedeckt bei schwacher Hitze 15 Min. köcheln lassen.

4 Den Topf von der Herdplatte nehmen. Die Suppe mit dem Pürierstab fein pürieren, mit Sahne verrühren und aufkochen lassen.

5 Den Salbei in feine Streifen schneiden und mit den übrigen Champignons mischen. Die Suppe anrichten und mit der Salbei-Pilz-Mischung garniert servieren.

Kräutercremesuppe mit Schmand

Zubereitungszeit: 25 Min.
Für 2 Personen (pro Portion ca. 160 kcal)

1 Bund Frühlingszwiebeln, 1 EL Butter,
350 ml Gemüsebrühe, je 1/2 Bund Kerbel,
Petersilie und Schnittlauch, 1 EL Frischkäse,
1 Msp. Cayennepfeffer, 2 EL Schmand

1 Die Frühlingszwiebeln putzen, waschen und grob hacken. Die Butter in einem Topf schmelzen lassen. Die Frühlingszwiebeln darin bei schwacher Hitze 2 Min. anbraten.

2 Die Brühe dazugießen, aufkochen lassen und zugedeckt bei schwacher Hitze 10 Min. köcheln lassen.

3 Inzwischen die Kräuter waschen und trockenschütteln. Kerbel und Petersilie fein hacken, den Schnittlauch in Röllchen schneiden. Die Kräuter bis auf 1 EL Petersilie unter die Suppe rühren.

4 Die Suppe einmal aufkochen lassen, den Frischkäse zugeben, dann mit dem Pürierstab pürieren. Mit Cayennepfeffer würzen und den Schmand unter die Suppe ziehen. Anrichten und mit der restlichen Petersilie garniert servieren.

1 *Rucolacremesuppe mit Croûtons*
2 *Champignon-Kartoffel-Creme-Suppe*
3 *Kräutercremesuppe mit Schmand*

Spargel mit Orangensauce

Zubereitungszeit: 30 Min.
Für 2 Personen (pro Portion ca. 350 kcal)

500 g weißer Spargel, 1 TL Salz, 1 TL Öl, 1 TL Honig, 2 unbehandelte Orangen, 50 ml Weißwein, 100 g Sahne, 1 Schalotte, 6 Zweige Kerbel, 20 g kalte Butter, Meersalz, Pfeffer

1 Den Spargel schälen und von den holzigen Enden befreien. Wasser mit Salz, Öl und Honig aufkochen lassen. Den Spargel zugeben und zugedeckt bei schwacher Hitze 15–18 Min. köcheln lassen.

2 Für die Sauce 1 Orange heiß waschen, abtrocknen und die Schale hauchdünn abschälen. Den Saft der Orange auspressen. Die übrige Orange halbieren, eine Hälfte auspressen, die andere zum Garnieren in dünne Scheiben schneiden.

3 Orangensaft und Wein mischen. Orangenschale und Sahne unterrühren, alles aufkochen lassen, bei schwacher Hitze etwas einköcheln lassen.

4 Die Schalotte schälen und fein würfeln. Kerbel waschen, trockenschütteln und fein hacken.

5 1 TL Butter schmelzen lassen. Die Schalotte darin bei schwacher Hitze glasig werden lassen, mit dem Orangensud ablöschen und aufkochen lassen. Die Sauce durch ein Sieb streichen. Mit Salz, Pfeffer und Kerbel würzen. Die restliche Butter würfeln und unterrühren.

6 Den Spargel abtropfen lassen. Auf zwei Tellern mit der Sauce anrichten und mit den Orangenscheiben garniert servieren.

Möhrencurry mit Aprikosen

Einweichzeit: 1 Std.
Zubereitungszeit: 30 Min.
Für 2 Personen (pro Portion ca. 295 kcal)

6 getrocknete, ungeschwefelte Aprikosen, 450 g Möhren, 1 Zwiebel, 1 Stück frischer Ingwer (etwa haselnussgroß), 1 EL Sonnenblumenöl, 1 TL Honig, 50 g Sahne, 1 EL abgeriebene Schale von 1 unbehandelten Zitrone, 1–2 EL Currypulver, 2 EL Pinienkerne

1 Die Aprikosen klein schneiden, mit kochendem Wasser übergießen und 1 Std. quellen lassen.

2 Die Möhren putzen, schälen, längs vierteln und die Viertel in etwa 4 cm lange Stifte schneiden. Die Zwiebel schälen, halbieren und in Streifen schneiden. Den Ingwer schälen und fein hacken.

3 Das Öl in einer Pfanne erhitzen. Die Zwiebel darin bei schwacher Hitze glasig werden lassen. Ingwer und Möhren dazugeben und bei mittlerer Hitze unter Rühren 5 Min. braten.

4 Die Aprikosen mit dem Einweichwasser und dem Honig untermischen und das Gemüse zugedeckt bei schwacher Hitze 10 Min. dünsten.

5 Die Sahne halbsteif schlagen. Zitronenschale und Curry unterrühren. Das Gemüse beiseite stellen und die Sahne unter die Möhren rühren. Das Gemüse auf zwei Tellern anrichten und mit Pinienkernen bestreut servieren.

➤ *Dazu passt als Beilage Vollkornreis.*

Scharfes Auberginen-gemüse

Zubereitungszeit: 40 Min.
Für 2 Personen (pro Portion ca. 105 kcal)

**200 ml Gemüsebrühe, 2 EL Sojasauce,
1 EL Aceto balsamico, 2 EL Tomatenmark,
1–2 TL Sambal oelek, 4 Tomaten,
1 Aubergine, 2 Knoblauchzehen,
1 TL Olivenöl, 1/2 TL getrockneter Oregano**

1 Für die Würzsauce Brühe mit Sojasauce, Essig, Tomatenmark und Sambal oelek verrühren.

2 Stielansätze der Tomaten entfernen. Tomaten kurz überbrühen, häuten und grob würfeln. Die Aubergine waschen, putzen und in kleine Würfel schneiden. Den Knoblauch schälen und fein hacken.

3 Das Öl in einer beschichteten Pfanne erhitzen. Den Knoblauch darin bei schwacher Hitze glasig werden lassen. Aubergine und Tomaten dazugeben und bei mittlerer Hitze 5 Min. anbraten.

4 Mit der Würzsauce übergießen und zugedeckt bei schwacher Hitze 10 Min. köcheln lassen. Dann offen weitere 10 Min. leicht einkochen lassen, dabei gelegentlich umrühren. Mit Oregano bestreuen und nach Belieben warm oder kalt servieren.

1 *Spargel mit Orangensauce*
2 *Möhrencurry mit Aprikosen*
3 *Scharfes Auberginengemüse*

Gemüsespieße in Folie

Zubereitungszeit: 25 Min.
Backzeit: ca. 20 Min.
Für 2 Personen (pro Portion ca. 220 kcal)

**4 EL Olivenöl, Kräutersalz, 1 1/2 TL Paprika-
pulver, 1 1/2 TL Kräuter der Provence,
1 kleine Stange Lauch, 1 große rote
Paprikaschote, 1 mittelgroßer Zucchino,
12 kleine Champignons, 6 Schaschlikspieße**

1 Das Öl mit Salz, Paprikapulver und Kräutern
der Provence verrühren und das Würzöl beiseite stellen.

2 Den Lauch putzen, längs aufschneiden, gründlich waschen und in etwa 2 cm dicke Stücke
schneiden. Die Paprikaschote halbieren,
putzen, waschen und grob würfeln. Den Zucchino waschen, putzen und in mundgerechte
Stücke schneiden. Die Champignons putzen
und eventuell abreiben.

3 Den Backofen auf 180° vorheizen. Das Gemüse
in beliebiger Reihenfolge auf Schaschlikspieße
stecken und mit Würzöl einstreichen.

4 Die Spieße auf ein ausreichend großes Stück
Folie legen und die Folie gut verschließen.
Die Gemüsespieße im Backofen (Mitte; Umluft
160°) 20 Min. garen.

➤ *Beim Garen in der Folie darauf achten, dass
Sie das Gargut auf die glänzende, eventuell leicht
eingefettete Seite legen. Dadurch wird die Wärme-
strahlung gut nach innen geleitet.*
➤ *Alufolie gibt es in verschiedenen Breiten und
Stärken. Je sperriger das Gargut, desto stärker
oder größer sollte die Folie sein.*

Gemüse aus dem Wok

Zubereitungszeit: 30 Min.
Für 2 Personen (pro Poportion ca. 170 kcal)

**300 g grüner Spargel, 300 g Möhren,
1 Stück frischer Ingwer (etwa haselnussgroß),
2 EL Sesamöl, 50 g Sojasprossen, 1 Msp. Sambal
oelek, 2 EL Sojasauce**

1 Spargel putzen, im unteren Drittel schälen und
in Stücke schneiden. Die Möhren waschen,
putzen, schälen und in feine Streifen schneiden.
Den Ingwer schälen und fein hacken.

2 Den Wok heiß werden lassen und das Öl darin
erhitzen. Spargel, Möhren, Ingwer und Sojasprossen zugeben und bei starker Hitze unter
Rühren 8 Min. braten.

3 Sambal oelek mit 2 EL Wasser verrühren. Das
Gemüse mit Sambal oelek und Sojasauce würzen und sofort in kleinen Schälchen servieren.

Mein Tipp

Gemüse pfannenrühren

**Das Garen im Wok geht blitzschnell, deshalb
müssen alle Zutaten geputzt, gewogen, klein ge-
schnitten oder blanchiert bereitstehen. Erst den
Wok erhitzen, dann das hoch erhitzbare Öl zugießen und gut heiß werden lassen. Zunächst das
Gemüse mit der längsten Garzeit in den heißen
Wok geben und braten, bis es fast gar ist, dann
kommen die zarteren Sorten dazu. Feste Gemüsesorten, zum Beispiel Brokkoli, Zuckerschoten oder
Erbsen vor dem Garen im Wok kurz in kochendem
Salzwasser blanchieren und gut abtropfen lassen.
Wenn das Gemüse beim Einstechen mit der Messer-
spitze noch Widerstand leistet, ist es gar.**

Lauchgemüse mit Pilzen

Zubereitungszeit: 20 Min.
Für 2 Personen (pro Portion ca. 85 kcal)

1 große Stange Lauch, 1 rote Paprikaschote, 150 g Champignons, 1 EL Sonnenblumenöl, Meersalz, Pfeffer aus der Mühle, 1 TL edelsüßes Paprikapulver, 1 kleiner Zweig Thymian

1 Den Lauch putzen, längs halbieren, gründlich waschen und in dünne Streifen schneiden. Die Paprikaschote halbieren, putzen, waschen und in Würfel schneiden. Die Champignons putzen, eventuell abreiben und in Scheiben schneiden.

2 Das Öl in einer beschichteten Pfanne erhitzen. Das Gemüse darin bei starker Hitze unter Rühren 3 Min. scharf anbraten. Mit Salz, Pfeffer und Paprikapulver würzen und zugedeckt bei schwacher Hitze 5 Min. schmoren lassen.

3 Den Thymian waschen, trockenschütteln und die Blättchen abzupfen. Das Gemüse auf zwei Tellern anrichten und mit Thymian bestreut servieren.

1 *Gemüsespleße In Folie*
2 *Gemüse aus dem Wok*
3 *Lauchgemüse mit Pilzen*

Grünes Gemüse mit Bärlauch-Pesto

Zubereitungszeit: 25 Min.
Für 2 Personen (pro Portion ca. 465 kcal)

Meersalz, 1 Zucchino, 250 g Brokkoli, 200 g Zuckerschoten, 1 EL Butter, 20 Blätter Bärlauch, 2 EL Olivenöl, 1 EL Walnusskerne, 3 El frisch geriebener Parmesan, 75 ml Gemüsebrühe

1 Salzwasser zum Kochen bringen. Den Zucchino waschen, putzen und längs achteln. Die Achtel in etwa 4 cm lange Stifte schneiden.

2 Den Brokkoli waschen, putzen und in kleine Röschen teilen. Die Stiele schälen und in kleine Würfel schneiden. Zuckerschoten waschen, putzen und eventuell entfädeln.

3 Brokkolistiele und Zuckerschoten im kochenden Salzwasser 2 Min. blanchieren, herausnehmen und abtropfen lassen.

4 Die Butter in einer großen Pfanne schmelzen lassen. Zucchinostifte und Brokkoliröschen darin bei starker Hitze 2 Min. anbraten. Die Brokkolistiele zugeben und salzen. Das Gemüse zugedeckt bei schwacher Hitze 10 Min. garen.

5 Bärlauch waschen, trockenschütteln und in feine Streifen schneiden. Mit Öl, Nüssen, Käse und Brühe fein pürieren. Die Zuckerschoten unter das Gemüse mischen. Das Gemüse anrichten und mit Pesto servieren.

➤ *Statt frischen Bärlauch können Sie auch 1 TL Bärlauchpaste oder eine Knoblauchzehe nehmen.*

Ungarisches Paprikakraut

Zubereitungszeit: 35 Min.
Für 2 Personen (pro Portion ca. 110 kcal)

350 g Weißkohl, Meersalz, 1 grüne Paprikaschote, 4 reife Tomaten, 1 EL Sonnenblumenöl, 1 EL Tomatenmark, 2 EL edelsüßes Paprikapulver, 100 ml Gemüsebrühe, 1 TL Kümmel, Muskatnuss, frisch gerieben, 1 TL Sambal oelek

1 Den Weißkohl von den äußeren Blättern befreien und den mittleren Strunk keilförmig herausschneiden. Den Kohl in schmale Streifen schneiden oder hobeln, leicht salzen und kräftig stampfen, damit der Kohl etwas mürbe wird.

2 Die Paprikaschote halbieren, putzen, waschen und in Würfel schneiden. Stielansätze der Tomaten entfernen. Tomaten kurz überbrühen, häuten und grob würfeln.

3 Das Öl erhitzen. Weißkohl und Paprikawürfel darin bei mittlerer Hitze 4 Min. unter Rühren anbraten.

4 Tomatenwürfel, Tomatenmark und Paprikapulver dazugeben. Die Brühe dazugießen und das Gemüse zugedeckt bei schwacher Hitze 5–10 Min. schmoren lassen, dabei gelegentlich umrühren. Mit Kümmel, Muskat, Sambal oelek und Salz würzen.

Bohnen-Tomaten-Gemüse

Zubereitungszeit: 40 Min.
Für 2 Personen (pro Portion ca. 115 kcal)

400 g grüne Bohnen, Meersalz,
1 Zweig Bohnenkraut, 3 feste Tomaten,
1 Zwiebel, 1 Knoblauchzehe,
1 EL Sonnenblumenöl,
1/2 TL getrockneter Thymian, Pfeffer

1 Die Bohnen waschen, putzen und in etwa 3 cm lange Stücke schneiden. Wenig leicht gesalzenes Wasser zum Kochen bringen. Bohnen und Bohnenkraut zugeben und die Bohnen in 12 Min. bissfest garen.

2 Die Bohnen herausnehmen und in einem Sieb gut abtropfen lassen.

3 Die Stielansätze der Tomaten entfernen. Die Tomaten kurz überbrühen, häuten und grob würfeln. Die Zwiebel und den Knoblauch schälen, beides fein würfeln.

4 Das Öl erhitzen. Zwiebel und Knoblauch darin bei schwacher Hitze glasig werden lassen. Die Bohnen zugeben und bei starker Hitze unter Rühren 5 Min. braten. Die Tomatenwürfel unterrühren und kurz schmoren lassen. Das Gemüse mit Thymian, Pfeffer und Salz würzen.

1 *Grünes Gemüse mit Bärlauch-Pesto*
2 *Ungarisches Paprikakraut*
3 *Bohnen-Tomaten-Gemüse*

Blumenkohl mit Birnenragout

Zubereitungszeit: 30 Min.
Für 2 Personen (pro Portion ca. 270 kcal)

**600 g Blumenkohl, 50 ml Milch, 1/2 l Gemüse-
brühe, 2 kleine Orangen, 1 Birne, 1 Msp.
Cayennepfeffer, Meersalz, 2–3 TL Currypulver,
3 ungeschwefelte EL Rosinen, 50 g Sahne**

1 Den Blumenkohl waschen, putzen und in kleine
Röschen teilen. Milch und Brühe zum Kochen
bringen. Den Blumenkohl darin bei schwacher
Hitze in 12 Min. bissfest garen.

2 Inzwischen die Orangen halbieren. Von einer
Hälfte zwei dünne Scheiben abschneiden,
diese halbieren und zum Garnieren beiseite
legen. Den Saft, etwa 75–100 ml, der restlichen Hälften auspressen.

3 Für das Birnenragout die Birne schälen, in
Viertel schneiden, von den Kernen befreien
und in kleine Würfel schneiden.

4 80 ml Kochwasser abnehmen und mit Orangensaft, Cayennepfeffer, Salz und Curry aufkochen
lassen. Rosinen und Birnenwürfel dazugeben
und bei mittlerer Hitze 3 Min. kochen lassen.

5 Die Sahne steif schlagen. Das Birnenragout
von der Herdplatte nehmen und die Sahne
unterrühren.

6 Den Blumenkohl mit dem Birnenragout auf
zwei Tellern anrichten und mit den Orangenscheiben garniert servieren.

Tipp
*Das Birnenragout können Sie nach Belieben
mit einem pflanzlichen Bindemittel, beispielsweise Nestargel oder Biobin aus dem Reformhaus, nach Packungsanweisung binden.*

Mangoldröllchen

Zubereitungszeit: 20 Min.
Für 2 Personen (pro Portion ca. 325 kcal)

je 4 große und kleine Mangoldblätter, Meersalz, 80 g Gouda, 4 Scheiben Putenbrust, 1 1/2 EL Sonnenblumenöl, 2 EL Sojasauce, Pfeffer, 4 kleine Holzspieße

1 Den Mangold waschen und von den Stielen befreien. Salzwasser zum Kochen bringen. Die Blätter zugeben und 1 Min. blanchieren, die Mangolblätter herausnehmen und in einem Sieb gut abtropfen lassen.

2 Den Käse grob reiben. Jeweils 1 großes und 1 kleines Mangoldblatt übereinander legen. Jeweils 1 Scheibe Putenbrust darauf legen und mit dem Käse bestreuen.

3 Die Mangoldblätter aufrollen und mit den Holzspießchen feststecken.

4 Den Wok heiß werden lassen. Das Öl darin erhitzen. Die Mangoldröllchen dazugeben und von allen Seiten 5 Min. braten. Mit Sojasauce, Pfeffer und Salz würzen.

Tipp
Aus den Mangoldstielen können Sie ein Gratin zubereiten. Dafür leicht gesalzenes Wasser zum Kochen bringen. Die Stiele schälen, in etwa 1 cm breite Stücke schneiden und im kochenden Salzwasser 4 Min. garen. Die Stiele herausnehmen, gut abtropfen lassen und in eine flache Auflaufform geben. Den Backofen auf 200° vorheizen. 80 g Sahne mit 50 ml Gemüsebrühe verrühren und darüber gießen. 50 g Original Parmesan reiben und darüber streuen. Im Backofen (Mitte, Umluft 180°) in etwa 18 Min. goldbraun überbacken.

Hauptgerichte – superlecker

Ab 12 Uhr können Sie entweder eine Eiweiß- oder Kohlenhydratmahlzeit wählen. Planen Sie mittags die Eiweißmahlzeit und abends das Kohlenhydratgericht ein, denn um die Mittagszeit ist Ihr Körper am besten auf die Eiweißverdauung eingestellt.

Neben Fleisch und Fisch gehören Krustentiere, Eier und Eiweiß, Milch, Tofu und Käsesorten bis 60 % Fett i. Tr. sowie gekochter Schinken und Wurstprodukte zur Eiweißgruppe. Bei einer Eiweißmahlzeit können Sie pro Portion 100–150 g Fleisch oder 150–200 g Fisch, 2 Eier, 60 g Käse oder 80 g gegarte Wurstsorten mit 400 g neutralem Gemüse, Rohkost oder Salat als Beilage kombinieren. Die Salat- oder Rohkostbeilage darf reichlich sein.

Entscheiden Sie sich dagegen für eine Kohlenhydratmahlzeit, kann das Gericht pro Portion aus 50 g Getreide, 50 g Naturreis, 50 g Vollkornnudeln (jeweils Rohgewicht) oder 200 g Kartoffeln zubereitet werden, ebenfalls mit 400 g neutralem Gemüse, Rohkost oder Salat als Beilage.

Bei diesem umfangreichen Angebot werden Sie bei Fleisch-, Fisch- oder Eiergerichten spielend leicht auf die üblichen Beilagen Kartoffeln, Nudeln oder Reis verzichten können. In der Trennkost gilt die einfache Regel: eine Fleisch-, Fisch- und Wurstportionen, dafür reichlich knackige Salat und frisches Gemüse zum Sattessen.

Keine Regel ohne Ausnahmen

Rohe oder geräucherte Fische, wie Lachs, Makrele, Matjeshering, Schiller-locken, Bückling oder Forelle, werden in der Trennkost der neutralen Gruppe zugeordnet und dürfen auch überwiegend kohlenhydratreiche Nahrungsmittel begleiten. Was steckt dahinter? Das Eiweiß ist kaum de-naturiert und gut verdaulich, außerdem sind Eiweiß spaltende Enzyme beim Knacken der Eiweißketten überflüssig.

Das richtige Bratfett

Butter, Pflanzenöle, die hohe Temperaturen vertragen, ungehärtetes Kokosfett oder ungehärtete Pflanzenfette, wie Margarine, aus dem Reformhaus sind zum Braten und Dünsten ideal. Sie sollten jedoch nur sparsam und in geringen Mengen verwendet werden.

Eier und Käse

Das komplette Ei und Eiklar gehören in die Eiweißgruppe, während das Eigelb zwar fettreich, dafür neutral ist.

Bisher wurde der Käse in der Trennkost nur nach dem Fettgehalt unter-schieden. Neuerdings wird er je nach Herstellungsverfahren in neutrale und überwiegend eiweißreiche Sorten eingeteilt. Neutrale Käsesorten bestehen aus naturbelassener roher Milch und werden durch Milchsäure-bakterien gesäuert, wodurch sie leicht verdaulich sind. Käsesorten, die zur Eiweißgruppe gehören, enthalten weniger als 60 % Fett i. Tr., werden aus nicht gesäuerter Milch hergestellt, sind erhitzt und daher schwer verdaulich.

Ob neutral oder zur Eiweißgruppe gehörend, genießen Sie höchstens drei Eier pro Woche, und essen Sie Käse nur in Maßen, das heißt 1 Teil Käse und 4 Teile Salat oder Gemüse.

Nudeln, Kartoffeln, Reis & Co.

Diese Nahrungsmittel sollten täglich auf dem Speiseplan stehen. Mit ihren komplexen Kohlenhydraten gehören Naturreis, Vollkornnudeln, Hirse, Bul-gur und Buchweizen zur Kohlenhydratgruppe. Auch Kartoffeln zählen zu dieser Gruppe. Sie harmonieren mit vielen Zutaten aus der neutralen Gruppe. Ideal ist ein Mix aus 1 Teil Reis, Getreide oder Getreideprodukte mit 3–4 Teilen Gemüse und Salat.

Wem Vollkornnudeln überhaupt nicht schmecken, kann ausnahmsweise zu italienischen Teigwaren greifen. Italienische Spaghetti und Makkaroni werden meist aus Hartweizengrieß ohne Ei hergestellt, was der Trennkost sehr entgegenkommt.

Rucola-Pesto

Je 1/2 Bund Rucola und Petersilie waschen, von den harten Stielen befreien. 3–4 Knoblauchzehen schälen. Mit Rucola, Petersilie, 4 EL Olivenöl, 10 geschälten Mandeln, 5 EL Gemüsebrühe, Meersalz und 3 EL frisch geriebe-nem Original Parmesan pürieren. Passt zu Spaghetti.

Frischkäse-Dip

1 Schalotte und 2 Knoblauchzehen schälen, beides klein würfeln. Ein etwa 5 cm großes Stück Gurke schälen und fein raspeln. 80 g Ziegenfrischkäse mit der Gabel zerdrücken und mit 150 g Joghurt, 2 EL Crème fraîche, Zwiebel, Knoblauch, 1 EL gehacktem Dill und Gurke verrühren. Passt zu Pellkartoffeln.

Schinkennudeln

160 g Vollkornnudeln in reichlich Salzwasser nach Packungsangaben bissfest garen. 1 rote Paprikaschote vierteln, putzen, waschen und mit 50 g getrockneten, in Öl eingelegten Tomaten, Meersalz und 1 TL Sambal oelek pürieren. 1 Gemüsezwiebel schälen und mit 60 g rohem Rinder-schinken würfeln. 1 EL Olivenöl erhitzen. Die Zwiebel darin glasig werden lassen. Die Nudeln ab-gießen und abtropfen lassen. Mit Schinken und Paprikasauce untermischen. Die Schinkennudeln salzen, pfeffern und mit 1 EL gehack-tem Basilikum bestreut servieren.

Rinderrouladen

Zubereitungszeit: 1 Std. 45 Min.
Für 2 Personen (pro Portion ca. 785 kcal)

1 Gemüsezwiebel, 1 Möhre, 2 Stangen Lauch, 3 Stangen Staudensellerie, 2 Rinderrouladen, Pfeffer, 2 TL Senf, 4 Scheiben Rinderschinken, 10 g ungehärtetes Kokosfett, 75 ml Rotwein, 350 ml Gemüsebrühe, 1 Lorbeerblatt, 1 EL Butter, Meersalz, 6 EL Sahne, 1 TL rosenscharfes Paprikapulver, kleine Holzspieße

1 Zwiebel schälen und halbieren. Eine Hälfte in Spalten schneiden, die andere würfeln. Möhre putzen, schälen, vierteln und in Stifte schneiden. Lauch putzen, längs aufschneiden, gründlich waschen und in schmale Streifen schneiden. Staudensellerie putzen und klein schneiden.

2 Rouladen mit Pfeffer würzen und mit Senf bestreichen. Jeweils 2 Scheiben Schinken darauf legen und die Zwiebelspalten darauf verteilen. Die Rouladen aufrollen und mit Holzspießchen feststecken.

3 Kokosfett erhitzen. Rouladen darin braun anbraten. Zwiebel und Möhre mitbraten. Rotwein, 300 ml Brühe und Lorbeerblatt zugeben. Zugedeckt 1 Std. 15 Min. schmoren lassen.

4 Kurz vor Ende der Garzeit Butter schmelzen lassen. Lauch und Sellerie darin unter Rühren 3 Min. anbraten, salzen und pfeffern. Restliche Brühe zugießen und zugedeckt bei schwacher Hitze 12–15 Min. köcheln lassen.

5 Fleisch warm halten. Lorbeerblatt entfernen. Sauce fein pürieren, eventuell salzen. 2 EL Sahne unterrühren und aufkochen lassen. Rouladen wieder dazugeben. Die übrige Sahne unter das Gemüse rühren und mit Paprika würzen.

Putenkeule mit Rotkohl

Zubereitungszeit: 40 Min.
Garzeit: 3 Std.
Für 2 Personen (pro Portion ca. 575 kcal)

1 Putenunterkeule (etwa 800 g), Meersalz, 1 Rotkohl (etwa 500 g), 1 Zwiebel, 1 säuerlicher Apfel, 2 Orangen, 2 Nelken, 1 Lorbeerblatt, 1 Zimtstange, 1 EL Obstessig, 1/8 l Rotwein, 1 EL Gemüsebrühe, 1 TL Honig, 1 EL Sonnenblumenöl

1 Das Fleisch kalt waschen und mit Küchenpapier trockentupfen. Mit Salz einreiben. Die Keule in einen Bratschlauch geben, diesen fest verschließen. Auf der Oberseite in der Mitte einmal mit der Gabel einstechen. Den Bratschlauch auf den kalten Rost legen und in den Backofen (Mitte) schieben. Bei 120° in 3 Std. langsam garen.

2 Den Rotkohl putzen, vierteln, vom mittleren Strunk befreien und in feine Streifen schneiden. Die Kohlstreifen etwas mürbe stampfen.

3 Die Zwiebel schälen und würfeln. Den Apfel waschen, vierteln, entkernen und würfeln. Den Saft der Orangen auspressen. Mit Rotkohl, Apfel, Nelken, Lorbeerblatt, Zimtstange, Essig und Rotwein, Salz, Gemüsebrühe und Honig mischen und 20 Min. ziehen lassen.

4 Das Öl erhitzen. Die Zwiebel darin bei schwacher Hitze glasig werden lassen. Rotkohl zugeben und unter Rühren 3 Min. anbraten. Zugedeckt bei schwacher Hitze 40 Min. schmoren lassen, dabei gelegentlich umrühren. Nelken, Lorbeerblatt und Zimtstange entfernen.

5 Die Putenkeule herausnehmen und den Bratschlauch aufschneiden. Das Fleisch auf einer vorgewärmten Platte mit dem Bratensaft anrichten. Mit Rotkohl servieren.

Ochsenbrust mit Wirsing

Zubereitungszeit: 1 Std. 50 Min.
Für 2 Personen (pro Portion ca. 535 kcal)

1 Bund Suppengrün, 3/4 l Gemüsebrühe, 300 g Ochsenbrust, 1 Wirsing (etwa 600 g), 1 Zwiebel, 1 EL Butter, Meersalz, 1/2 TL Muskatnuss, frisch gerieben, 75 g Sahne, 2–3 TL Meerrettich (aus dem Glas), 3 EL Crème fraîche

1 Suppengrün putzen, waschen und in Stücke schneiden. Brühe zum Kochen bringen. Gemüse und Fleisch in der Brühe zugedeckt bei schwacher Hitze 1 Std. 15 Min. köcheln lassen.

2 Wirsing putzen, halbieren vom Strunk befreien, waschen und in feine Streifen schneiden. Die Zwiebel schälen, halbieren und in dünne Streifen schneiden.

3 1/8 l Fleischbrühe abnehmen. Butter schmelzen und die Zwiebel darin bei schwacher Hitze glasig werden lassen. Wirsing zugeben und 3 Min. unter Rühren anbraten. Die Fleischbrühe angießen. Das Gemüse mit Salz und Muskat würzen und zugedeckt 20 Min. köcheln lassen.

4 Die Sahne steif schlagen, den Meerrettich unterrühren. Crème fraîche unter den Wirsing rühren.

5 Das Fleisch aus der Brühe nehmen und in Scheiben schneiden. Mit Gemüse und Sahnemeerrettich anrichten und servieren.

1 *Rinderrouladen*
2 *Putenkeule mit Rotkohl*
3 *Ochsenbrust mit Wirsing*

Rindersteaks mit Orangensauce

Zubereitungszeit: 30 Min.
Für 2 Personen (pro Portion ca. 510 kcal)

**2 EL Mandelblättchen, 1 kleine Zwiebel,
1 Bund junge Möhren, 1 Stück frischer Ingwer
(etwa haselnussgroß), 1 EL Butter, 5 EL Apfelsaft,
1 Orange, 2 EL Sonnenblumenöl, 2 Rinderfilet-
steaks, 1 EL rosa Pfefferkörner, Salz aus der
Mühle, 70 ml frisch gepresster Orangensaft**

1 Die Mandeln in einer beschichteten Pfanne
ohne Fett goldbraun rösten. Die Zwiebel
schälen und fein würfeln. Die Möhren waschen,
putzen, eventuell schälen und längs vierteln.
Den Ingwer schälen und sehr fein hacken.

2 Die Butter in einem Topf schmelzen lassen,
Zwiebel und Möhren darin bei mittlerer Hitze
unter Rühren 3 Min. anbraten. Den Apfelsaft
dazugießen und zugedeckt bei schwacher Hitze
10 Min. schmoren lassen.

3 Die Orange schälen und das Fruchtfleisch
zwischen den Trennhäuten herauslösen,
dabei den abtropfenden Saft auffangen.

4 Das Öl in einer beschichteten Pfanne erhitzen.
Die Steaks darin bei starker Hitze auf jeder
Seite 3–4 Min. braten. Mit Pfefferkörnern und
Salz würzen.

5 Das Fleisch herausnehmen und warm halten.
Den Bratensatz mit Orangensaft ablöschen,
aufkochen lassen und die Orangenfilets zugeben und heiß werden lassen.

6 Fleisch und Orangensauce und Möhren auf
zwei Tellern anrichten. Das Gemüse mit Mandeln bestreut servieren.

Lammkoteletts mit Endiviengemüse

Zubereitungszeit: 25 Min.
Marinierzeit: 30 Min.
Für 2 Personen (pro Portion ca. 760 kcal)

1 kleiner Zweig Rosmarin, 4 EL Olivenöl,
1 TL Zitronensaft, 1 TL getrockneter Thymian,
Meersalz, 4 Lammkoteletts,
1 kleine Zwiebel, 1 Knoblauchzehe,
1 Endiviensalat, 8 Kirschtomaten

1 Rosmarinnadeln abzupfen und im Mörser
  zerstoßen. Mit 3 EL Öl, Zitronensaft, Thymian
  und Salz verrühren. Das Fleisch mit der Marinade bepinseln und 30 Min. ziehen lassen.

2 Den Grill vorheizen. Für das Gemüse Zwiebel
  und Knoblauch schälen und beides fein würfeln. Den Salat putzen, in feine Streifen
  schneiden, waschen und abtropfen lassen.
  Die Tomaten waschen und halbieren.

3 Die Lammkoteletts aus der Marinade nehmen
  und von jeder Seite 4 Min. grillen.

4 Das übrige Öl in einer Pfanne mit Deckel erhitzen. Zwiebel und Knoblauch darin bei schwacher Hitze glasig werden lassen. Die Endivien-
  streifen darin schwenken, mit Salz würzen und
  zugedeckt 3 Min. dünsten.

5 Mit den Lammkoteletts und den Tomatenhälften
  anrichten und servieren.

Tipp
*Zarter und würziger wird das Fleisch, wenn Sie es
bereits am Tag zuvor mit der Marinade bestreichen
und ziehen lassen.*

Gefüllte Hähnchen-schnitzel

Zubereitungszeit: 30 Min.
Für 2 Personen (pro Portion ca. 790 kcal)

1 TL Gemüsebrühe, 180 g Erbsen (tiefgekühlt), je 1/2 Bund Salbei, Petersilie und Schnittlauch, 1 rote Paprikaschote, 180 g Mais (Dose oder tiefgekühlt), 1 EL Aceto balsamico, 1 TL Weizenkeimöl, 2 EL saure Sahne, Meersalz, 4 Hähnchenschnitzel (à 80 g), 1 TL Sambal oelek, 125 g Mozzarella, 2 TL Kokosfett (ersatzweise Sonnenblumenöl), 2 kleine Holzspieße

1 Wasser mit Brühe zum Kochen bringen. Erbsen darin zugedeckt 10 Min. köcheln lassen. Herausnehmen und abtropfen lassen. 100 ml Kochwasser abnehmen und beiseite stellen.

2 Salbei, Petersilie und Schnittlauch waschen. Die Blättchen von den Stielen zupfen, einige Salbeiblättchen beiseite legen. Die übrigen Kräuter fein hacken bzw. in Röllchen schneiden. Paprikaschote halbieren, putzen, waschen und klein würfeln. Mit Erbsen und Mais mischen.

3 Für das Dressing das Kochwasser mit Essig, Öl, saurer Sahne und Salz verrühren. Die Kräuter unterrühren. Den Salat damit anmachen.

4 Hähnchenschnitzel flach klopfen. Dünn mit Sambal oelek bestreichen und salzen. Zwei Schnitzel mit dem übrigen Salbei belegen. Den Mozzarella abtropfen lassen, in Scheiben schneiden und auf den Salbei legen.

5 Mit den restlichen Schnitzeln bedecken und mit Holzspießchen feststecken. Kokosfett erhitzen. Fleisch darin bei mittlerer Hitze von jeder Seite 5 Min. braten. Mit dem Salat servieren.

Hähnchencurry mit Ananas

Zubereitungszeit: 35 Min.
Für 2 Personen (pro Portion ca. 400 kcal)

300 g Hähnchenbrustfilet, 2 EL Sojasauce, 2 Frühlingszwiebeln, 2 Stangen Staudensellerie, 1/2 Ananas, 1 EL Sesamöl, 2 TL edelsüßes Paprikapulver, Meersalz, 1/2 TL Sambal oelek, 3 EL Mais (Dose oder tiefgekühlt)

1 Das Fleisch in kleine Würfel schneiden, mit Sojasauce beträufeln und 15 Min. ziehen lassen.

2 Die Frühlingszwiebeln putzen, waschen und schräg in Scheiben schneiden. Den Sellerie waschen, putzen und in Scheiben schneiden. Die Ananas schälen, vom mittleren Strunk befreien und in kleine Würfel schneiden.

3 Das Öl in einer Pfanne erhitzen. Das Fleisch zugeben, mit Paprikapulver bestäuben und bei starker Hitze unter Wenden in 5 Min. kräftig anbraten. Das Fleisch an den Pfannenrand schieben.

4 Frühlingszwiebeln und Sellerie in die Mitte geben und bei schwacher Hitze glasig werden lassen. Das Fleisch mit Frühlingszwiebeln und Sellerie verrühren. Mit Salz und Sambal oelek würzen. Ananas und Mais unterrühren. Alles unter Rühren weitere 2 Min. braten.

➤ *Dazu passt als Beilage Orangen-Fenchel-Salat (Rezept Seite 54), Paprika-Tomaten-Salat mit Mais (Rezept Seite 56).*

Schnitzel mit scharfer Tomatensauce

Zubereitungszeit: 35 Min.
Für 2 Personen (pro Portion ca. 330 kcal)

4 reife Tomaten, 1 rote Paprikaschote, 1 Zwiebel, 1 Knoblauchzehe, 3 TL Olivenöl, 1 EL Tomatenmark, 1 TL Paprikapulver, 1 TL Sambal oelek, 150 ml Gemüsebrühe, je 1 Zweig Thymian und Oregano, 2 Hähnchenschnitzel (à 180 g), Meersalz, Pfeffer, 1 EL Sahne

1 Stielansätze der Tomaten entfernen. Tomaten kurz überbrühen, häuten und grob würfeln. Die Paprikaschote halbieren, putzen, waschen und in kleine Würfel schneiden. Zwiebel und Knoblauch schälen, beides fein würfeln.

2 1 TL Öl erhitzen. Zwiebel und Knoblauch darin bei schwacher Hitze glasig werden lassen. Die Paprikawürfel darin unter Rühren anbraten. Tomaten und Tomatenmark unterrühren. Mit Paprikapulver und Sambal oelek würzen. Brühe und Kräuter zugeben. Die Sauce zugedeckt bei schwacher Hitze 20 Min. köcheln lassen.

3 Hähnchenschnitzel mit Salz und Pfeffer würzen. Das übrige Öl in einer beschichteten Pfanne erhitzen und das Fleisch darin bei mittlerer Hitze auf jeder Seite 4–5 Min. braten. Sahne unter die Sauce rühren. Fleisch und Sauce anrichten.

1 Gefüllte Hähnchenschnitzel
2 Hähnchencurry mit Ananas
3 Schnitzel mit scharfer Tomatensauce

Kabeljaufilet mit Endivie

Zubereitungszeit: 35 Min.
Für 2 Personen (pro Portion ca. 260 kcal)

**200 g Brokkoli, 300 g Blumenkohl, 2 Möhren,
1 Endiviensalat, 2 Kabeljaufilets (à 160–200 g),
Meersalz, Pfeffer, 1 EL Meerrettich (aus dem
Glas), 1 EL Gemüsebrühe, 3 Zweige Kerbel,
1 Knoblauchzehe, 1/2 TL abgeriebene Schale
von 1 unbehandelten Zitrone, 20 g weiche Butter**

1 Brokkoli und Blumenkohl waschen, putzen und
in Röschen teilen. Brokkolistiele schälen und
würfeln. Möhren putzen, schälen, längs vierteln
und in 4–5 cm lange Stücke schneiden.

2 Wasser zum Kochen bringen. 8 große Blätter
Endiviensalat ablösen und darin 2 Min. blanchieren. Abschrecken und abtropfen lassen.

3 Fisch waschen, salzen, pfeffern und mit Meerrettich bestreichen. Je 4 Salatblätter überlappend
auslegen. Fisch in die Mitte legen, die Seiten
einschlagen, die Päckchen mit Garn umwickeln.

4 Wasser etwa 3 cm hoch in einen Bräter geben,
mit Brühe zum Kochen bringen. Einen Dämpfeinsatz hineingeben, die Päckchen darauf
legen und mit Gemüse umlegen. Zugedeckt
bei schwacher Hitze 12–15 Min. garen.

5 Kerbel waschen. Knoblauch schälen. Kerbel
und Knoblauch fein hacken. Mit Zitronenschale
mischen. Die Mischung mit Butter verkneten
und kalt stellen. Den Fisch vom Garn befreien.
Mit Gemüse auf zwei Tellern anrichten. Die
Kerbelbutter auf das Gemüse geben.

➤ *Wenn Sie keinen Dämpfeinsatz haben, können
Sie Fisch und Gemüse in einer großen Pfanne bei
mittlerer Hitze dünsten.*

Schollenfilet mit Chicorée-Orangen-Salat

Zubereitungszeit: 30 Min.
Für 2 Personen (pro Portion ca. 420 kcal)

**2 Stauden Chicorée, 2 Frühlingszwiebeln,
1 Stück frischer Ingwer (etwa haselnussgroß),
2 Orangen, 100 g Joghurt, 1/2 säuerlicher Apfel,
1 TL Frutilose, Meersalz, Cayennepfeffer,
400 g Schollenfilet, 1 1/2 EL Sesamöl,
1/8 l frisch gepresster Orangensaft, 40 g Sahne**

1 Chicorée putzen, halbieren, vom mittleren
Strunk befreien und in Streifen schneiden.
Frühlingszwiebeln putzen, waschen und schräg
in feine Ringe schneiden. Ingwer schälen und
hacken. 1 Orange schälen, filetieren und mit
dem Chicorée mischen.

2 Die übrige Orange auspressen. Den Saft mit
Joghurt verrühren. Den Apfel mit Schale grob
raspeln und mit Frutilose untermischen.
Mit Salz und 1 Msp. Cayennepfeffer würzen.
Den Chicorée untermischen und ziehen lassen.

3 Den Fisch waschen, abtrocknen und in Stücke
schneiden. Den Wok heiß werden lassen und
das Öl darin erhitzen. Frühlingszwiebeln und
Ingwer zugeben und bei mittlerer Hitze unter
Rühren 2 Min. anbraten, dann an den Rand
schieben.

4 Fisch zugeben und bei starker Hitze 5 Min.
kräftig braten. Orangensaft zugeben und aufkochen lassen. Mit Salz und 1 Msp. Cayennepfeffer würzen. Sahne steif schlagen und
unterziehen.

Forelle im Weißweinsud

Zubereitungszeit: 30 Min.
Für 2 Personen (pro Portion ca. 425 kcal)

1 Bund Suppengrün, 1/2 l trockener Weißwein, Zitronenscheiben, Meersalz, 1 Lorbeerblatt, 2 Forellen (küchenfertig), 2 EL saure Sahne, 2 EL Meerrettich (aus dem Glas), 3 EL Sahne, 1 Kopfsalat, 1 säuerlicher Apfel, 1 EL Zitronensaft, 6 EL naturreiner Apfelsaft, 100 g Joghurt, weißer Pfeffer, 1 TL Frutilose, 3 EL gehackte glatte Petersilie

1 Den Backofen auf 220° vorheizen. Suppengrün putzen, waschen und klein schneiden. Wein mit 1/2 l Wasser in einem kleinen Bräter zum Kochen bringen. Mit Suppengrün, Zitrone, Salz und Lorbeerblatt 2–3 Min. köcheln lassen.

2 Forellen waschen und in den Sud geben. Zugedeckt im Backofen (unten, Umluft 200°) etwa 20 Min. gar ziehen lassen. Im abgeschalteten Backofen weitere 10 Min. ziehen lassen.

3 Saure Sahne und Meerrettich glatt verrühren. Die Sahne steif schlagen und unterrühren.

4 Salat putzen, waschen und zerpflücken. Den Apfel waschen und raspeln. Mit Zitronen- und Apfelsaft verrühren. Joghurt, Pfeffer, Salz und Frutilose unterrühren. Den Salat damit anmachen und mit Petersilie bestreuen.

5 Die Forellen abtropfen lassen. Mit Sahnemeerrettich und Salat servieren.

1 *Kabeljaufilet mit Endivie*
2 *Schollenfilet mit Chicorée-Orangen-Salat*
3 *Forelle im Weißweinsud*

Heilbutt mit Foliengemüse

Zubereitungszeit: 30 Min.
Backzeit: ca. 25 Min.
Für 2 Personen (pro Portion ca. 390 kcal)

3 kleine Knoblauchzehen, 3 kleine Zucchini, Meersalz, 2 TL weiche Butter, 2 Scheiben Heilbutt (à 200 g), 1 EL rosa Pfeffer, 1 EL Zitronensaft, 1 EL Sojasauce, 1 EL Sonnenblumenöl, 50 g saure Sahne, 100 g Dickmilch, 1 Tl edelsüßes Paprikapulver

1 Knoblauch schälen und 1 Zehe in Scheiben schneiden. Zucchini waschen, putzen und längs halbieren. Wenig Salzwasser zum Kochen bringen. Die Zucchinihälften darin mit der Schnittfläche nach unten 5 Min. dünsten. Herausnehmen und abtropfen lassen.

2 Butter schmelzen lassen. Die Schnittflächen mit Butter bestreichen, mit Knoblauchscheiben belegen oder spicken und salzen. Jeweils 4 Gemüsehälften in ein großes Stück Alufolie wickeln. Den Backofen auf 200° vorheizen.

3 Fisch waschen, mit Küchenpapier abtrocknen und salzen. Pfeffer mit einem breiten Messer zerdrücken. Zitronensaft, Sojasauce, Öl, Pfeffer und Salz verrühren. Den Fisch damit von beiden Seiten bestreichen und auf ein großes Stück Alufolie legen. Folie gut verschließen. Fisch und Gemüse auf dem Blech im Backofen (Mitte, Umluft 180°) 25 Min. backen.

4 Saure Sahne mit Dickmilch verrühren. Den übrigen Knoblauch dazudrücken und unterrühren. Mit Salz und Paprikapulver würzen. Den Dip extra zum Fisch und zu den Zucchinihälften servieren.

Garnelenspieße mit Gemüsesalat

Zubereitungszeit: 35 Min.
Marinierzeit: 10 Min.
Für 2 Personen (pro Portion ca. 300 kcal)

12 rohe ungeschälte Garnelen, 8 kleine Champignons, 8 Kirschtomaten, 2 Knoblauchzehen, 3 EL Olivenöl, 1 TL getrockneter Thymian, 1 TL edelsüßes Paprikapulver, 3 Tomaten, 2 Zucchini, 1 gelbe Paprikaschote, 1 EL Aceto balsamico, Meersalz, Pfeffer, 1 EL frische Thymianblättchen, 4 Schaschlikspieße

1 Garnelen bis auf das Schwanzstück schälen. Mit einem spitzen Messer den Darmstrang am Rücken entlang herauslösen.

2 Champignons putzen. Tomaten waschen. Knoblauch schälen, hacken. 2 EL Öl, Thymian, Paprikapulver und Knoblauch verrühren.

3 Garnelen abwechselnd mit Champignons und Tomaten auf die Spieße stecken. Mit Marinade bestreichen und 10 Min. ziehen lassen.

4 Stielansätze der Tomaten entfernen. Tomaten kurz überbrühen, häuten, entkernen und würfeln. Zucchini waschen, putzen, längs vierteln und würfeln. Paprikaschote halbieren, putzen, waschen und in Würfel schneiden.

5 Den Grill vorheizen. Das übrige Öl erhitzen. Zucchini und Paprikawürfel darin unter Rühren 5 Min. braten, dann abkühlen lassen.

6 Die Spieße 12–15 Min. grillen, einmal wenden. Tomaten unter das Gemüse mischen. Mit Essig beträufeln, salzen und pfeffern. Salat mit Thymian bestreuen und mit den Spießen servieren.

Viktoriabarschfilet in Tomaten-Estragon-Sauce

Zubereitungszeit: 30 Min.
Für 2 Personen (pro Portion ca. 235 kcal)

2 Fleischtomaten, 1 Zwiebel, 1 Bund Estragon, 1 EL Sonnenblumenöl, 100 ml Gemüsebrühe, 2 EL Tomatenmark, 1 TL frische Thymianblättchen, Meersalz, Pfeffer, 2 Viktoriabarschfilet (à 200 g), 2 EL frisch gehackte Petersilie

1 Stielansätze der Tomaten entfernen. Tomaten kurz überbrühen, häuten und grob würfeln. Zwiebel schälen und hacken. Estragon waschen und fein hacken.

2 Öl in einer Pfanne mit Deckel erhitzen. Die Zwiebel darin glasig werden lassen. Tomaten, Estragon und Brühe zugeben und aufkochen lassen. Tomatenmark unterrühren, mit Thymian, Salz und Pfeffer würzen und die Sauce bei mittlerer Hitze etwas einkochen lassen.

3 Den Fisch salzen, in die Sauce geben und zugedeckt bei schwacher Hitze 8–10 Min. ziehen lassen. Mit Petersilie bestreut servieren.

➤ *Dazu passt als Beilage Friséesalat mit Kräuter-Vinaigrette (Rezept Seite 52)*

1 *Heilbutt mit Foliengemüse*
2 *Garnelenspieße mit Gemüsesalat*
3 *Viktoriabarschfilet in Tomaten-Estragon-Sauce*

Blumenkohlragout mit Ei

Zubereitungszeit: 30 Min.
Für 2 Personen (pro Portion ca. 310 kcal)

500 g Blumenkohl, 1 Frühlingszwiebel, 1/2 Bund Kerbel, 4 Eier, 1 EL Butter, 300 ml Gemüsebrühe, 100 ml Milch, 1 TL Senf, Worcestersauce, Meersalz, 1 TL Currypulver, 1 Msp. Cayennepfeffer

1 Den Blumenkohl waschen, putzen und in kleine Röschen teilen. Die Frühlingszwiebel putzen und waschen. Das Weiße schräg in dünne Scheiben und das Grün in Röllchen schneiden und beiseite legen. Den Kerbel waschen, trockenschütteln und fein hacken.

2 2 Eier in 10–12 Min. hart kochen, mit kaltem Wasser abschrecken, pellen und abkühlen lassen.

3 Die Butter schmelzen lassen. Die Frühlingszwiebelscheiben darin bei schwacher Hitze glasig werden lassen. Brühe und Milch zugießen und aufkochen lassen. Den Blumenkohl dazugeben und die Flüssigkeit bei schwacher Hitze 15 Min. einköcheln lassen.

4 Die übrigen Eier mit Senf und einigen Spritzern Worcestersauce verquirlen und mit etwas Kochflüssigkeit verrühren.

5 Den Topf mit dem Blumenkohl vom Herd nehmen. Die Eiermischung nach und nach unterrühren. Mit Salz, Curry und Cayennepfeffer würzen. Den Kerbel untermischen.

6 Die Eier in Scheiben schneiden. Das Ragout in zwei Teller geben. Mit Eiern und dem Grün der Frühlingszwiebel garniert servieren.

Käse-Eier auf Lauch

Zubereitungszeit: 30 Min.
Für 2 Personen (pro Portion ca. 375 kcal)

500 g Stangen Lauch, 1 EL Butter, 80 ml Gemüsebrühe, Meersalz, Pfeffer aus der Mühle, Muskatnuss, frisch gerieben, 1 kleine Zwiebel, 1/2 Bund Schnittlauch, 40 g Gouda, 4 Eier, 1 TL Sonnenblumenöl, 2 EL saure Sahne

1 Den Lauch putzen, längs halbieren, gründlich waschen und in schmale Stücke schneiden.

2 Die Butter schmelzen lassen. Den Lauch drin bei mittlerer Hitze unter Rühren 3 Min. anbraten. Die Brühe zugießen und mit Salz, Pfeffer und Muskat würzen. Zugedeckt bei schwacher Hitze 12 Min. köcheln lassen.

3 Inzwischen die Zwiebel schälen, halbieren und in dünne Streifen schneiden. Den Schnittlauch waschen, trockenschütteln und in Röllchen schneiden. Den Käse fein reiben. Die Eier verquirlen, salzen und pfeffern. Käse und Schnittlauchröllchen unterrühren.

4 Das Öl in einer beschichteten Pfanne erhitzen. Die Zwiebel darin bei schwacher Hitze glasig werden lassen. Die Eiermasse zugeben und bei schwacher Hitze stocken lassen. Die Eiermasse zusammenschieben und zu einem Rührei fertig backen.

5 Die saure Sahne unter das Lauchgemüse rühren, eventuell noch einmal mit Salz und Pfeffer abschmecken, und mit den Käse-Eiern servieren.

Zucchini-Tortilla

Zubereitungszeit: 25 Min.
Für 2 Personen (pro Portion ca. 275 kcal)

1 kleiner Zucchino, 1 kleine Zwiebel,
1 Knoblauchzehe, 1/2 Bund Schnittlauch,
1 EL Olivenöl, Meersalz, Pfeffer aus der Mühle,
5 Eier, Mineralwasser

1 Den Zucchino waschen, putzen und in feine
Scheiben schneiden. Zwiebel und Knoblauch
schälen, beides fein würfeln. Den Schnittlauch
waschen, trockenschütteln und in Röllchen
schneiden.

2 Das Öl in einer beschichteten Pfanne erhitzen.
Zwiebel und Knoblauch darin bei schwacher
Hitze glasig werden lassen. Zucchinischeiben
dazugeben und bei mittlerer Hitze von beiden
Seiten in 10 Min. braun anbraten. Mit Salz und
Pfeffer würzen, dann beiseite stellen.

3 Die Eier mit 1 Schuss Wasser und Salz verquirlen und über die Zucchini gießen. Zugedeckt bei schwacher Hitze stocken lassen.
Mit Schnittlauch bestreut servieren.

➤ *Dazu passt als Beilage Tomatensalat.*

1 *Blumenkohlragout mit Ei*
2 *Käse-Eier auf Lauch*
3 *Zucchini-Tortilla*

Bohnen-Tomaten-Auflauf

Zubereitungszeit: 30 Min.
Backzeit: ca. 15 Min.
Für 2 Personen (pro Portion ca. 410 kcal)

**400 g grüne Bohnen, Meersalz, 1 Zweig
Bohnenkraut, 1 Zwiebel, 200 g Champignons,
400 g Tomaten, 1/2 Bund Basilikum,
125 g Mozzarella, 1 EL Butter, 80 g Sahne,
2 EL Tomatenmark, 100 ml Gemüsebrühe,
Pfeffer aus der Mühle**

1 Die Bohnen waschen, putzen und in etwa 3 cm
lange Stücke schneiden. Wenig Salzwasser zum
Kochen bringen. Bohnen und Bohnenkraut
dazugeben und die Bohnen in 15 Min. bissfest
garen. Herausnehmen und abtropfen lassen.

2 Die Zwiebel schälen und fein hacken. Die Champignons putzen, eventuell abreiben und in
Scheiben schneiden. Stielansätze der Tomaten
entfernen. Tomaten kurz überbrühen, häuten
und grob würfeln. Das Basilikum waschen, trockenschütteln und grob hacken. Den Mozzarella
gut abtropfen lassen und in Streifen schneiden.

3 Die Butter in einer beschichteten Pfanne erhitzen. Die Zwiebel darin bei schwacher Hitze
glasig werden lassen. Die Champignons zugeben und bei mittlerer Hitze unter Rühren
5 Min. braten. Tomaten und Bohnen zugeben
und 5 Min. mitbraten.

4 Den Backofen auf 200° vorheizen. Sahne,
Tomatenmark und Brühe verquirlen. Mit Pfeffer
würzen und das Basilikum unterrühren. Das
Gemüse in eine mittelgroße Auflaufform geben,
die Sahnemischung darüber gießen und das
Gemüse mit dem Käse belegen. Im Backofen
(Mitte, Umluft 180°) 12–15 Min. überbacken,
bis der Käse leicht gebräunt ist.

Sellerieschnitzel mit Zucchini-Rohkost

Zubereitungszeit: 40 Min.
Für 2 Personen (pro Portion ca. 335 kcal)

**400 g Knollensellerie, 400 g Zucchini, 1 Knob-
lauchzehe, Meersalz, Pfeffer, Muskatnuss, frisch
gerieben, 1 Eigelb, 1 EL Vollkornsemmelbrösel,
1 EL gehackte Petersilie, 1 EL frisch geriebener
Original Parmesan, 2–3 EL Sesamöl, 50 g saure
Sahne, 1 TL Obstessig, 1 EL Olivenöl, 1 EL frisch
gehackter Dill, 1 EL Schnittlauchröllchen**

1 Den Sellerie schälen und in etwa 1 cm dicke
Scheiben schneiden. Wasser zum Kochen
bringen und den Sellerie darin bei schwacher
Hitze 10 Min. garen. Herausnehmen und gut
abtropfen lassen.

2 Die Zucchini waschen, putzen und grob raspeln
oder in feine Stifte schneiden. Den Knoblauch
schälen.

3 Die Selleriescheiben mit Salz, Pfeffer und
Muskat würzen. Das Eigelb verquirlen. Für die
Panade Semmelbrösel, Petersilie und Parmesan auf einem Teller mischen. Die Gemüse-
scheiben erst im Eigelb, dann in der Panade
wenden.

4 Das Öl in einer beschichteten Pfanne erhitzen.
Die Sellerieschnitzel zugeben und darin bei
mittlerer Hitze auf jeder Seite in 3–4 Min.
goldbraun braten.

5 Saure Sahne, Essig, Öl und Salz verrühren.
Den Knoblauch dazupressen. Mit Dill und
Schnittlauch unterrühren. Die Zucchiniraspel
mit dem Dressing mischen. Die Rohkost mit
den Sellerieschnitzeln servieren.

Rosenkohlcurry mit Schafkäse

Zubereitungszeit: 30 Min.
Für 2 Personen (pro Portion ca. 580 kcal)

600 g Rosenkohl, Meersalz, 1 Zwiebel,
1 EL Butter, 40 g Frischkäse, 1 1/2 EL Currypulver,
1 Eigelb, 3 EL Vollkornsemmelbrösel,
2 Scheiben Schafkäse (à 100 g), 2 EL Olivenöl

1 Den Rosenkohl waschen, putzen und halbieren. Wenig Salzwasser zum Kochen bringen und den Rosenkohl darin bei mittlerer Hitze in 12 Min. bissfest garen. Herausnehmen und abtropfen lassen, dabei 100 ml Kochwasser auffangen und beiseite stellen.

2 Die Zwiebel schälen und fein würfeln. Die Butter in einem Topf schmelzen lassen. Die Zwiebel darin bei schwacher Hitze glasig werden lassen. Das Kochwasser zugießen, den Frischkäse unterrühren und bei mittlerer Hitze etwas einkochen lassen. Die Sauce mit Salz und Curry würzen. Den Rosenkohl untermischen.

3 Das Eigelb verquirlen. Die Semmelbrösel auf einen Teller geben. Den Schafkäse erst im Eigelb, dann in den Semmelbröseln wenden.

4 Das Öl in einer beschichteten Pfanne erhitzen. Den Schafkäse darin bei schwacher Hitze von jeder Seite in 5 Min. goldbraun braten. Anrichten und mit dem Rosenkohlcurry servieren.

1 *Bohnen-Tomaten-Auflauf*
2 *Sellerieschnitzel mit Zucchini-Rohkost*
3 *Rosenkohlcurry mit Schafkäse*

Kartoffel-Brokkoli-Bratlinge mit Kerbeldip

Zubereitungszeit: 50 Min.
Für 2 Personen (pro Portion ca. 530 kcal)

400 g mehlig kochende Kartoffeln, 400 g Brokkoli, Meersalz, 1 Zwiebel, 50 g Emmentaler, 1 Eigelb, 2 EL feines Weizenvollkornmehl, 2 EL Sesamsamen, 1/2 Bund Kerbel, 75 g saure Sahne, 100 g Joghurt, 2 EL Olivenöl

1 Die Kartoffeln mit Schale in 25 Min. garen. Den Brokkoli waschen, putzen und in kleine Röschen teilen. Die Stiele schälen und klein schneiden. Salzwasser zum Kochen bringen. Röschen und Stiele darin 12–15 Min. garen. Herausnehmen, abtropfen lassen und mit einer Gabel zerdrücken. Die Kartoffeln abgießen, pellen und stampfen.

2 Die Zwiebel schälen und fein würfeln. Den Käse fein reiben. Beides mit Kartoffeln, Brokkoli, Eigelb und Mehl verkneten. Die Masse in vier Portionen teilen und daraus mit bemehl-

ten Händen Bratlinge formen. Die Bratlinge in den Sesamsamen wenden.

3 Für den Dip den Kerbel waschen, trockenschütteln und fein hacken. Saure Sahne und Joghurt cremig verrühren. Mit Salz würzen und den Kerbel unterrühren.

4 Das Öl in einer beschichteten Pfanne erhitzen. Die Bratlinge darin bei mittlerer Hitze auf jeder Seite 4–5 Min. braten. Mit Kerbeldip servieren.

➤ *Dazu passt als Beilage Rote-Bete-Salat. Für den Salat 4 Rote Beten bissfest garen. 1 mürben Apfel schälen. Rote Beten und Apfel fein raspeln. Mit einem Dressing aus 2 TL Obstessig, Meersalz, 1 TL Apfeldicksaft anmachen. Mit 3 EL gehackten Walnusskernen bestreuen.*

Kartoffelpfanne mit Sesamsamen

Zubereitungszeit: 45 Min.
Für 2 Personen (pro Portion ca. 330 kcal)

**400 g Kartoffeln, 1 mittelgroße Zwiebel,
250 g Lauch, 1 große rote Paprikaschote,
2 EL Sesamsamen, 3–4 Zweige Thymian,
2 EL Sesamöl, Meersalz, Pfeffer aus der Mühle,
60 g saure Sahne**

1 Die Kartoffeln mit Schale in 25 Min. garen, dann abgießen, pellen und leicht auskühlen lassen.

2 Die Zwiebel schälen, halbieren und in dünne Streifen schneiden. Den Lauch putzen, längs halbieren, gründlich waschen und in schmale Streifen schneiden. Die Paprikaschote waschen, halbieren, putzen und klein würfeln.

3 Die Sesamsamen ohne Fett unter Rühren goldbraun rösten, herausnehmen und zum Abkühlen beiseite stellen. Die Kartoffeln in Spalten schnei-

den. Den Thymian waschen und trockenschütteln, die Blättchen abzupfen.

4 1 EL Öl in einer beschichteten Pfanne erhitzen. Die Zwiebel darin bei schwacher Hitze glasig werden lassen. Lauch und Paprikawürfel dazugeben und bei mittlerer Hitze 10 Min. braten, dabei gelegentlich umrühren.

5 Das restliche Öl in einer zweiten Pfanne erhitzen. Kartoffeln und Thymian zugeben. Die Kartoffeln darin bei mittlerer Hitze von allen Seiten braten, bis sie leicht gebräunt sind. Die Kartoffeln mit Salz und Pfeffer würzen.

6 Gemüse und Kartoffeln anrichten. Die saure Sahne auf dem Gemüse verteilen. Die Kartoffeln mit Sesamsamen bestreuen.

Blechkartoffeln mit Radieschendip

Zubereitungszeit: 15 Min.
Backzeit: ca. 50 Min.
Für 2 Personen (pro Portion ca. 430 kcal)

400 g fest kochende Kartoffeln, 3 EL Olivenöl, Meersalz, je 2 TL getrockneter Thymian und Rosmarin, 1 Bund Radieschen, 80 g Sojabohnensprossen, 250 g Quark (20 % Fett i. Tr.), 3 EL Mineralwasser, 3–4 TL Meerrettich (aus dem Glas)

1 Den Backofen auf 180° vorheizen. Die Kartoffeln gründlich waschen, in Viertel oder Achtel schneiden und auf ein Backblech legen. Die Schnittflächen mit Öl bestreichen, mit Salz, Thymian und Rosmarin würzen. Im Backofen (Mitte, Umluft 160°) in 40–50 Min. knusprig backen, dabei zwischendurch einmal wenden.

2 In der Zwischenzeit die Radieschen putzen, waschen und in kleine Würfel schneiden. Die Sprossen waschen, verlesen und abtropfen lassen. Quark und Mineralwasser cremig verrühren. Meerrettich, Radieschen und Sprossen unterrühren. Den Dip mit Salz abschmecken und mit den Kartoffeln servieren.

➤ *Dazu passt als Vorspeise eine Suppe (Rezepte ab Seite 60) oder ein Salat aus der neutralen Gruppe (Rezepte ab Seite 54).*

Variante
Statt Meerrettich können Sie 50 g Blauschimmelkäse aus der neutralen Gruppe verwenden, z. B. Danablu oder Cambozola. Den Käse mit einer Gabel zerdrücken, mit 2 EL heißem Wasser glatt rühren und unter den Quark mischen.

Sesamkartoffeln mit Gemüse-Allerlei

Zubereitungszeit: 40 Min.
Für 2 Personen (pro Portion ca. 595 kcal)

400 g kleine fest kochende Kartoffeln, 4 EL Sesamsamen, 1 Knoblauchzehe, 20 g weiche Butter, 1 EL frisch gehackte Zitronenmelisse, Meersalz, 1 kleine Zwiebel, 150 g Egerlinge, 350 g Möhren, 200 g Zuckerschoten, 3 EL Olivenöl, 2 TL Honig

1 Kartoffeln waschen und mit Schale in 25 Min. garen, dann abgießen, pellen und halbieren. Die Sesamsamen auf einen Teller geben und die Kartoffeln darin wenden.

2 Knoblauch schälen und fein würfeln. Mit der Butter, Zitronenmelisse und Salz verkneten. Die Kräuterbutter kalt stellen.

3 Zwiebel schälen und würfeln. Egerlinge putzen und in Scheiben schneiden. Die Möhren putzen, schälen und in dünne Scheiben hobeln. Die Zuckerschoten waschen und putzen.

4 2 EL Öl erhitzen. Die Kartoffeln darin bei starker Hitze braun braten. Restliches Öl erhitzen. Das Gemüse darin unter Rühren 3–4 Min. anbraten. 5 EL Wasser, Honig und Salz zugeben. Zugedeckt in 10 Min. bissfest garen. Kartoffeln und Gemüse mit Kräuterbutter servieren.

Tipp
Die Kräuterbutter können Sie auf Vorrat zubereiten. Dafür 100 g weiche Butter mit 2–3 EL fein gehackten Kräutern verkneten, z. B. Kresse, Kerbel, Knoblauch, Bärlauch, Rucola, Petersilie, Schnittlauch und Dill. Die Butter in 10 Portionen teilen und kalt stellen.

Kartoffeltaler

Zubereitungszeit: 30 Min.
Für 2 Personen (pro Portion ca. 480 kcal)

1 Frühlingszwiebel, 1 EL Butter, 150 ml Gemüse-brühe, 80 g Haferflocken, 1/2 Bund Petersilie, 2 TL Kümmel, 400 g Kartoffeln, 1 Eigelb, Meer-salz, 1/2 TL Muskatnuss, frisch gerieben, 3 EL Olivenöl

1 Frühlingszwiebel putzen, waschen und fein hacken. Die Butter schmelzen lassen. Früh-lingszwiebel darin glasig werden lassen. Die Brühe zugießen und aufkochen lassen. Hafer-flocken unterrühren und bei schwacher Hitze köcheln lassen, bis ein dicker Brei entsteht.

2 Die Petersilie waschen, trockenschütteln und fein hacken. Den Kümmel im Mörser grob zer-stoßen. Die Kartoffeln waschen, schälen, fein reiben, in ein sauberes Küchentuch geben und etwas ausdrücken.

3 Kartoffeln und Eigelb unter den Haferflocken-brei rühren. Mit Salz, Muskatnuss und Küm-mel würzen. Die Petersilie unterrühren.

4 Das Öl in einer Pfanne erhitzen. Aus der Masse nacheinander 8 Kartoffeltaler backen, dabei pro Taler 2 EL Kartoffelmasse in die Pfanne geben, etwas flach drücken und auf jeder Seite in 3 Min. goldgelb backen.

➤ *Dazu passt als Beilage ein neutraler Salat (Rezepte ab Seite 54)*

---

1 *Blechkartoffeln mit Radieschendip*
2 *Sesamkartoffeln mit Gemüse-Allerlei*
3 *Kartoffeltaler*

Paprikaschoten mit Reisfüllung

Zubereitungszeit: 50 Min., Backzeit: ca. 50 Min.
Für 2 Personen (pro Portion ca. 540 kcal)

100 g Vollkornreis, Meersalz, 4 gelbe Paprikaschoten, 2 EL Rosinen, 2 EL Pinienkerne, 1 Zwiebel, 125 g Champignons, 1 EL Olivenöl, 125 g Erbsen, 1–2 EL Kurkuma, 1 TL Zimtpulver, 1/2 TL Cayennepfeffer, 4 Backpflaumen, 1 kleine Zimtstange, 100 ml Gemüsebrühe, 3 EL saure Sahne

1 Den Reis mehrmals waschen, mit Salzwasser bedeckt 30 Min. köcheln lassen. Herd ausschalten und den Reis 10 Min. quellen lassen. Einen Tontopf einschließlich Deckel mindestens 20 Min. in kaltem Wasser wässern.

2 Von den Paprikaschoten jeweils einen Deckel abschneiden, die Schoten entkernen und waschen. Die Rosinen mit kochendem Wasser übergießen, 5 Min. ziehen lassen, dann abtropfen lassen. Pinienkerne rösten. Zwiebel schälen und hacken. Champignons putzen und würfeln.

3 Öl erhitzen. Die Zwiebel darin bei schwacher Hitze glasig werden lassen. Die Champignons zugeben und unter Wenden 3 Min. anbraten. Die Erbsen zufügen. Mit Kurkuma, Zimt, Cayennepfeffer und Salz würzen. Das Gemüse zugedeckt bei schwacher Hitze 10 Min. garen. Reis, Rosinen und Pinienkerne untermischen.

4 Die Paprikaschoten mit einem Teil der Masse füllen. Jeweils einen Deckel obenauf setzen. Die restliche Füllung in den Tontopf geben, die Paprikaschoten darauf setzen, Pflaumen und Zimtstange zugeben und die Brühe angießen.

5 Den Deckel auflegen und den Tontopf auf den Rost in den kalten Backofen (unten) stellen. Die Paprikaschoten erst 5 Min. bei 80°, dann bei 250° 45 Min. garen. Herausnehmen, die Zimtstange entfernen und die Sahne unterrühren.

Schwarzwurzeln mit Safranreis

Zubereitungszeit: 50 Min., Backzeit: ca. 15 Min.
Für 2 Personen (pro Portion ca. 550 kcal)

125 g Vollkornreis, Meersalz, 1/2 Döschen Safran, 450 g Schwarzwurzeln, 80 g Emmentaler, 50 g Sahne, 50 ml Gemüsebrühe, 1 Msp. Cayennepfeffer, 40 g roher Rinderschinken, 3 Zweige Petersilie

1 Den Reis mehrmals waschen, bis das Wasser klar ist. In einen Topf geben und mit leicht gesalzenem Wasser bedecken. Safran unterrühren und den Reis bei schwacher Hitze 30 Min. köcheln lassen. Den Herd ausschalten und den Reis 10 Min. quellen lassen.

2 Die Schwarzwurzeln unter fließendem Wasser abbürsten. Reichlich Salzwasser zum Kochen bringen und die Schwarzwurzeln darin bei schwacher Hitze 15 Min. garen. Den Backofen auf 200° vorheizen. Den Käse reiben.

3 Die Schwarzwurzeln herausnehmen, kalt abschrecken, von der schwarzen Schale befreien, in etwa 4 cm lange Stücke schneiden und in eine mittelgroße feuerfeste Form geben. Sahne, Brühe und Cayennepfeffer verrühren. Die Mischung über das Gemüse geben. Mit Käse bestreuen. Im Backofen (Mitte, Umluft 180°) in 15 Min. hellbraun überbacken.

4 Den Schinken sehr klein würfeln. Die Petersilie waschen, trockenschütteln und hacken. Den Schinken unter den Reis mischen und die Petersilie darüber streuen. Mit dem Gemüse servieren.

Grünkernfrikadelle mit Kräutersauce

Quellzeit: 30 Min.
Zubereitungszeit: 35 Min.
Für 2 Personen (pro Portion ca. 680 kcal)

1 Zwiebel, 125 g Möhren, 1 EL Butter,
3 EL grob gehackte Haselnusskerne, 180 g mittelfeiner Grünkernschrot, 550 ml Gemüsebrühe,
250 g Champignons, je 2 Zweige Majoran und
Thymian, 3 TL Sonnenblumenöl, 40 g Sahne,
1 TL Rosmarinpulver, 2 EL Vollkornsemmelbrösel

1 Die Zwiebel schälen und fein würfeln. Möhren
putzen, schälen und fein raspeln. Die Butter
schmelzen lassen. Zwiebel darin bei schwacher
Hitze glasig werden lassen. Möhrenraspel und
Nüsse zugeben und 3 Min. braten.

2 Den Grünkernschrot unterrühren, 1/2 l Brühe
dazugießen und unter Rühren aufkochen lassen. Den Schrot bei schwacher Hitze so lange
rühren, bis ein fester Brei entsteht. Die Masse
beiseite stellen und 30 Min. quellen lassen.

3 Für die Kräutersauce die Champignons putzen,
eventuell abreiben und in Scheiben schneiden.
Majoran und Thymian waschen, trockenschütteln und die Blättchen abzupfen.

4 1 TL Öl in einer beschichteten Pfanne erhitzen.
Die Champignons darin bei starker Hitze unter
Rühren anbraten. Die übrige Brühe dazugießen
und 5 Min. köcheln lassen. Sahne, Majoran,
Thymian und Rosmarin unterrühren und bei
starker Hitze etwas einkochen lassen.

5 Aus der Grünkernmasse mit feuchten Händen
vier große Frikadellen formen und in den Semmelbröseln wenden. Das übrige Öl in einer
beschichteten Pfanne erhitzen und die Frikadellen darin bei mittlerer Hitze auf jeder Seite
5 Min. braten. Mit der Kräutersauce anrichten.

Hirsebratlinge mit Lauch-Pilz-Gemüse

Zubereitungszeit: 45 Min.
Für 2 Personen (pro Portion ca. 615 kcal)

1 kleine Zwiebel, 80 g Hirse, 2 1/2 EL Sonnenblumenöl, 300 ml Gemüsebrühe, 10 g getrocknete
Steinpilze, 1 große Stange Lauch, 150 g Austernpilze, 1 EL Butter, 1 TL Gemüsebrühe, Muskatnuss, frisch gerieben, 1/2 Bund Petersilie,
50 g Castello Blue, 10 Haselnusskerne,
2 EL Magerquark, Meersalz, 3 EL Sesamsamen,
2 EL saure Sahne

1 Zwiebel schälen und fein hacken. Hirse heiß
waschen und abtropfen lassen. 1 TL Öl erhitzen
und die Zwiebel darin glasig werden lassen. Die
Hirse zugeben und unter Rühren kurz mitbraten,
Brühe zugießen und zugedeckt bei schwacher
Hitze 20 Min. köcheln lassen. Offen weitere
5 Min. quellen lassen, zwischendurch umrühren.

2 Steinpilze in warmem Wasser einweichen. Lauch
putzen, längs halbieren, waschen und in dünne

Streifen schneiden.Die Austernpilze putzen,
eventuell abreiben und in Streifen schneiden.

3 Butter schmelzen lassen. Die Austernpilze darin
anbraten. Den Lauch zugeben und 3 Min. mitbraten. Steinpilze mit Einweichwasser zugießen,
mit Brühe und Muskat würzen. Zugedeckt bei
schwacher Hitze 8 Min. köcheln lassen.

4 Die Petersilie waschen, trockenschütteln und
fein hacken. Den Käse klein würfeln. Die Nüsse
fein hacken. Quark, Petersilie, Käse und Nüsse
unter die Hirse mischen, mit Salz abschmecken.

5 Aus der Hirsemasse vier Bratlinge formen, diese
in Sesamsamen wenden. Das restliche Öl erhitzen, die Bratlinge darin von beiden Seiten je
7 Min. braten. Saure Sahne unter das Gemüse
rühren und mit den Bratlingen servieren.

Zwiebel-Quiche

Zubereitungszeit: 30 Min.
Backzeit: ca. 25 Min.
Für 1 Springform (28 cm Ø, pro Portion ca. 955 kcal)

**200 g feines Weizenvollkornmehl,
1 1/2 TL Backpulver, Meersalz, 50 g Magerquark,
5 EL Sonnenblumenöl, 1 TL Kümmelpulver,
1 TL Korianderpulver, 1 Gemüsezwiebel,
1 mürber Apfel, 70 g Emmentaler, 80 g Sahne,
50 ml Gemüsebrühe, 1 Eigelb, Cayennepfeffer,
Butter für die Form**

1 Für den Teig das Mehl mit dem Backpulver mischen. Salz, Quark, 2 EL Wasser, 4 EL Öl, Kümmel und Koriander dazugeben und alles zu einem glatten Teig verkneten.

2 Die Form mit etwas Butter einfetten. Den Teig in die Form geben und mit nassen Händen auseinander drücken, bis der Boden bedeckt ist, dabei einen kleinen Rand hochziehen. Den Backofen auf 200° vorheizen.

3 Für den Belag die Zwiebel schälen und in dünne Ringe schneiden. Den Apfel waschen, vierteln, entkernen und in kleine Würfel schneiden. Den Käse reiben.

4 Das übrige Öl in einer beschichteten Pfanne erhitzen und die Zwiebel darin bei schwacher Hitze glasig werden lassen. Apfelwürfel zugeben und 5 Min. braten. Die Zwiebel-Apfel-Mischung gleichmäßig auf dem Teigboden verteilen.

5 Für den Guss die Sahne mit Brühe und Eigelb verquirlen. Den Käse untermischen und mit Cayennepfeffer würzen.

6 Den Guss auf den Zwiebeln verteilen. Die Quiche im Backofen (Mitte, Umluft 180°) 25 Min. backen.

Rucola-Pizza

Zubereitungszeit: 30 Min.
Backzeit: 20 Min.
Für 1 Pizzaform (28 cm Ø, pro Portion ca. 635 kcal)

1 Würfel Hefe (42 g), 200 g feines Dinkelvollkornmehl, 40 g getrocknete, in Öl eingelegte Tomaten, 1/2 Bund Rucola, 1 große Zwiebel, 1 EL Olivenöl, Meersalz, 1 TL Oregano, 125 g Mozzarella, 1 TL Sonnenblumenöl, 1 TL Thymian, 10 schwarze Oliven, Butter für die Form

1 Für den Vorteig die Hefe in 130 ml lauwarmem Wasser auflösen. Die Hälfte des Mehls unterrühren und zugedeckt an einem warmen Ort 20 Min. gehen lassen.

2 Inzwischen die Tomaten klein würfeln. Den Rucola waschen, trockenschütteln, die harten Stiele entfernen und die Blätter klein schneiden. Die Zwiebel schälen, halbieren und in dünne Halbringe schneiden.

3 Das Öl erhitzen und die Zwiebel darin glasig werden lassen und die Tomatenwürfel unterrühren. Mit Salz und Oregano würzen. Den Mozzarella abtropfen lassen und in Scheiben schneiden. Die Form mit etwas Butter einfetten. Den Backofen auf 200° vorheizen.

4 Den Vorteig mit dem restlichen Mehl, Öl, Salz und Thymian zu einem geschmeidigen Teig verkneten. Den Teig in die Form geben und mit nassen Händen auseinander drücken, bis der Boden bedeckt ist.

5 Zwiebel, Tomaten, Rucola und Oliven auf dem Teig verteilen und mit dem Käse belegen. Die Pizza im Backofen (Mitte, Umluft 180°) 20 Min. backen.

Tagliatelle mit Zucchini und Parmesan

Zubereitungszeit: 25 Min.
Backzeit: ca. 12 Min.
Für 2 Personen (pro Portion ca. 630 kcal)

3 kleine Zucchini, 1–2 Knoblauchzehen, 30 g getrocknete, in Öl eingelegte Tomaten, 70 g Original Parmesan, 1 EL Olivenöl (oder das Tomatenöl), Meersalz, Pfeffer aus der Mühle, 80 ml Gemüsebrühe, 4 EL Sahne, 160 g Vollkorn-Tagliatelle

1 Die Zucchini waschen, putzen und in kleine Würfel schneiden. Den Knoblauch schälen und fein hacken. Die Tomaten klein würfeln. Den Käse reiben.

2 Das Öl in einer beschichteten Pfanne erhitzen. Den Knoblauch darin bei schwacher Hitze glasig werden lassen. Zucchini und Tomaten zugeben und bei mittlerer Hitze 3 Min. anbraten. Mit Salz und Pfeffer würzen. Brühe und Sahne unterrühren.

3 Den Backofen auf 160° vorheizen. Die Nudeln in reichlich Salzwasser nach Packungsangaben bissfest garen, dann in ein Sieb abgießen und abtropfen lassen.

4 Mit Zucchini mischen und in eine mittelgroße Auflaufform geben. Den Käse darüber streuen. Im Backofen (Mitte, Umluft 140°) in 10–12 Min. überbacken.

➤ *Dazu passt als Vorspeise ein neutraler Salat (Rezepte ab Seite 54).*

Makkaroni mit grüner Frischkäsesauce

Zubereitungszeit: 25 Min.
Für 2 Personen (pro Portion ca. 380 kcal)

50 g Blattspinat, 1/2 Bund Petersilie (ersatzweise Rucola), 1/2 Bund Basilikum, 1–2 kleine Knoblauchzehen, 10 Kirschtomaten, 160 g Vollkorn-Makkaroni, Meersalz, 1 EL Olivenöl, 50 g Ricotta

1 Den Spinat verlesen, waschen und abtropfen lassen. Petersilie und Basilikum waschen, trockenschütteln und die groben Stiele entfernen. Den Knoblauch schälen. Die Tomaten waschen und halbieren.

2 Die Nudeln in reichlich Salzwasser nach Packungsangaben bissfest garen, dann abgießen und abtropfen lassen.

3 Spinat und Petersilie kurz in kochendem Wasser blanchieren und zusammen mit dem Basilikum, Knoblauch und Olivenöl mit dem Pürierstab pürieren. Mit Ricotta verrühren.

4 Die Makkaroni mit der Sauce anrichten und mit Tomaten garniert servieren.

➤ *Dazu passt als Vorspeise ein neutraler Salat (Rezepte ab Seite 54).*

Bandnudeln mit Käse-Nuss-Sauce

Zubereitungszeit: 20 Min.
Für 2 Personen (pro Portion ca. 505 kcal)

**160 g schmale Bandnudeln, Meersalz,
1 Bund Petersilie, 1/2 Bund Rucola,
50 g Parmesan, 10 Walnusskerne,
1 TL Obstessig, 100 ml Gemüsebrühe,
40 g getrocknete Tomaten**

1 Die Nudeln in reichlich Salzwasser nach Packungsangaben bissfest garen.

2 Petersilie und Rucola waschen, trockenschütteln und die Blättchen abzupfen. Den Käse grob reiben. Kräuter mit Käse, Nüssen, Obstessig und Brühe fein pürieren. Die Tomaten in kleine Würfel schneiden.

3 Die Bandnudeln abgießen, abtropfen lassen und mit Käse-Nuss-Sauce vermischen. Mit Tomaten bestreut servieren.

1 *Tagliatelle mit Zucchini und Parmesan*
2 *Makkaroni mit grüner Frischkäsesauce*
3 *Bandnudeln mit Käse-Nuss-Sauce*

Bouillabaisse

Zubereitungszeit: 40 Min.
Für 2 Personen (pro Portion ca. 470 kcal)

**3 Tomaten, 2 Stangen Staudensellerie,
1 Stange Lauch, 1 Zwiebel, 2 Möhren,
je 1 Zweig Petersilie, Rosmarin und Thymian,
1 Chilischote, 1 TL Olivenöl, 300 g Fischfilets,
(z. B. Rotbarsch oder Seeteufel), Meersalz,
1 EL Zitronensaft, 600 ml Fischfond, 1 Stück
Orangenschale von 1 unbehandelten Orange,
Lorbeerblatt, 1 Döschen Safran, 50 g Crevetten**

1 Stielansätze der Tomaten entfernen. Tomaten
kurz überbrühen, häuten und grob würfeln.
Staudensellerie und Lauch putzen, gründlich
waschen und in dünne Scheiben schneiden.
Die Zwiebel schälen, halbieren und in dünne
Streifen schneiden. Die Möhren putzen, schä-
len und fein würfeln. Kräuter waschen. Die
Chilischote putzen, halbieren und entkernen.

2 Das Öl erhitzen. Die Zwiebel darin bei schwacher Hitze glasig werden lassen. Sellerie,
Lauch und Möhren zugeben und unter Rühren
2 Min. anbraten. Tomatenwürfel unterrühren.

3 Den Fisch in Würfel schneiden, salzen und mit
Zitronensaft beträufeln. Mit Fischfond, Kräutern, Chilischote, Orangenschale, Lorbeerblatt,
Safran und Salz aufkochen, dann bei schwacher Hitze 10 Min. köcheln lassen.

4 Crevetten waschen. Fischwürfel in die Suppe
geben und 15 Min. ziehen lassen. Kräuter,
Chilischote, Orangenschale und Lorbeerblatt
entfernen. Die Crevetten auf Teller verteilen.
Die heiße Suppe darüber geben und servieren.

➤ *Wenn Sie es nicht so scharf mögen, dann nehmen Sie statt der Chilischote 1/2 TL Sambal oelek.*

Minestrone mit Gremolata

Zubereitungszeit: 30 Min.
Für 2 Personen (pro Portion ca. 240 kcal)

**2 Frühlingszwiebeln, 1 kleine Fenchelknolle,
200 g grüner Spargel, 100 g Zuckerschoten,
150 g Brokkoli, 1 EL Olivenöl, 1/2 l Gemüsebrühe, 1/2 TL Fenchelsamen, 1/2 TL Aniskörner,
1/2 Bund Basilikum, 2 kleine Tomaten,
30 g Original Parmesan, 1 EL abgeriebene Schale
von 1 unbehandelten Zitrone, Meersalz, Pfeffer**

1 Die Frühlingszwiebeln putzen, waschen und in
Ringe schneiden. Den Fenchel putzen, halbieren
und ohne den mittleren Strunk würfeln.

2 Spargel waschen, von den holzigen Enden befreien und in Stücke schneiden. Zuckerschoten
putzen, waschen und halbieren. Den Brokkoli
waschen, putzen und in kleine Röschen teilen.
Die Stiele schälen und klein schneiden.

3 Öl erhitzen. Die Zwiebeln darin glasig werden
lassen. Fenchel, Zuckerschoten und Brokkolistiele zugeben und 3 Min. anbraten.

4 Die Brühe zugießen, Fenchelsamen und Anis
zugeben und alles zugedeckt 12 Min. köcheln
lassen. Brokkoliröschen und Spargel zugeben
und weitere 5 Min. kochen lassen.

5 Basilikum waschen, trockenschütteln und
sehr fein hacken. Die Tomaten waschen, von
den Stielansätzen befreien, entkernen und
klein würfeln. Den Parmesan fein reiben.
Basilikum mit Tomaten, Parmesan und Zitronenschale verrühren. Die Minestrone mit Salz
und Pfeffer abschmecken und mit Gremolata
bestreut servieren.

Tomatensuppe mit pochierten Eiern

Zubereitungszeit: 25 Min.
Für 2 Personen (pro Portion ca. 330 kcal)

4 reife Tomaten, 1 rote Paprikaschote,
1 Frühlingszwiebel, 1 EL Olivenöl,
350 ml Gemüsebrühe, 1 TL getrockneter Thymian,
1 TL Sambal oelek, 2 EL Tomatenmark,
4 EL Essig, 4 Eier, 2 TL Crème fraîche

1 Stielansätze der Tomaten entfernen. Tomaten kurz überbrühen, häuten und grob würfeln. Paprikaschote halbieren, putzen, waschen und würfeln. Die Frühlingszwiebel putzen und waschen. Das Weiße klein schneiden, das Grün in Röllchen schneiden und beiseite legen.

2 Das Öl in einem Topf erhitzen. Die Zwiebel darin bei schwacher Hitze glasig werden lassen. Tomaten- und Paprikawürfel unterrühren, die Brühe dazugießen und zugedeckt bei schwacher Hitze 12 Min. köcheln lassen. Mit Thymian und Sambal oelek würzen, Tomatenmark unterrühren und die Suppe pürieren.

3 Essig mit 1/2 l Wasser aufkochen lassen. Eier einzeln in eine Tasse geben, nacheinander ins Essigwasser gleiten lassen und bei schwacher Hitze 5 Min. ziehen lassen, herausnehmen und abtropfen lassen.

4 Crème fraîche unter die Suppe rühren. Die Suppe mit je zwei Eiern und Frühlingszwiebelröllchen servieren.

---

1 *Bouillabaisse*
2 *Minestrone mit Gremolata*
3 *Tomatensuppe mit pochierten Eiern*

Bohnen-Radieschen-Salat mit Ei und Käse

Zubereitungszeit: 20 Min.
Für 2 Personen (pro Portion ca. 380 kcal)

300 g grüne Bohnen, Meersalz, 1 Ei, 1/2 Gurke, 40 g Feldsalat, 2 Tomaten, 1 Bund Radieschen, 10 schwarze Oliven, 1 Knoblauchzehe, 1/2 Bund Schnittlauch, 80 g Käse (z. B. Gouda), 60 ml Milch, 1 1/2 EL Zitronensaft, 2 EL Kürbiskernöl, 1 TL Senf, Pfeffer, 1 TL edelsüßes Paprikapulver

1 Die Bohnen waschen, putzen und in etwa 3 cm lange Stücke schneiden. Wenig leicht gesalzenes Wasser zum Kochen bringen. Die Bohnen darin in 12 Min. bissfest garen. Herausnehmen, kalt abschrecken und abkühlen lassen.

2 Das Ei in 10–12 Min. hart kochen, kalt abschrecken, pellen und abkühlen lassen.

3 Die Gurke schälen und klein schneiden. Den Feldsalat waschen, putzen und trockenschleudern. Die Tomaten waschen, von den Stielansätzen befreien und achteln. Die Radieschen putzen und in Scheiben schneiden. Gurke, Feldsalat, Tomate, Radieschen und Oliven auf zwei Tellern dekorativ anrichten.

4 Knoblauch schälen und mit etwas Salz zerdrücken. Das Ei klein würfeln. Den Schnittlauch waschen, trockenschütteln und in Röllchen schneiden. Den Käse in Streifen schneiden.

5 Die Milch mit dem Pürierstab aufschäumen. Knoblauch, Ei, Zitronensaft, Öl, Senf, Pfeffer, Salz und Paprikapulver verrühren. Die Mischung nach und nach unter die Milch rühren. Das Dressing, Käsestreifen und Schnittlauch über den Salat geben.

Sommersalat mit Kalbsmedaillons

Zubereitungszeit: 25 Min.
Für 2 Personen (pro Portion ca. 470 kcal)

3 EL ungeschwefelte Rosinen, 1 Fenchelknolle, 3 Möhren, 200 g Blumenkohl, 1/2 Kopfsalat, 100 ml frisch gepresster Orangensaft, 80 g Sahnedickmilch, Meersalz, Cayennepfeffer, 6 Kalbsmedaillons, 1 EL Sonnenblumenöl, 3 EL Sahne, 3 EL Mineralwasser

1 Die Rosinen mit kochendem Wasser übergießen und 5 Min. ziehen lassen. Den Fenchel putzen, halbieren und ohne den mittleren Strunk in sehr feine Streifen schneiden. Die Möhren waschen, putzen und in feine Scheiben hobeln. Den Blumenkohl waschen, putzen und fein raspeln. Die Rosinen abtropfen lassen.

2 Den Kopfsalat waschen, putzen, zerpflücken, trockenschleudern und auf zwei Tellern anrichten. Fenchel, Möhren und Blumenkohl darauf verteilen.

3 Für das Dressing Orangensaft, Dickmilch und Rosinen verrühren. Mit Salz und Cayennepfeffer würzen.

4 Die Medaillons mit Pfeffer würzen. Das Öl in einer beschichteten Pfanne erhitzen. Die Medaillons darin bei mittlerer Hitze von jeder Seite 3–4 Min. braten. Das Fleisch salzen und an den Pfannenrand schieben.

5 Sahne und Mineralwasser mit dem Bratfett verrühren, kurz aufkochen lassen und mit Cayennepfeffer würzen. Das Dressing über den Salat geben. Die Medaillons mit der Sauce anrichten und mit dem Salat servieren.

Frisée-Radicchio-Salat mit Lachs

Zubereitungszeit: 35 Min.
Backzeit: ca. 25 Min.
Für 2 Personen (pro Portion ca. 770 kcal)

400 g Lachsfilet, Meersalz, 2 TL Sonnenblumenöl, 1/2 Friséesalat, 1 Radicchio, 6 Champignons, 1 Avocado, 1 EL Zitronensaft, 1/2 Salatgurke, 1 Zwiebel, 100 ml Rotwein, 1 EL Aceto balsamico, 1 TL Senf, Pfeffer, 1 TL flüssiger Honig

1 Den Backofen auf 200° vorheizen. Den Lachs waschen, mit Küchenpapier abtrocknen und salzen. Ein ausreichend großes Stück Alufolie mit 1 TL Öl bestreichen, den Fisch darauf legen und die Folie gut verschließen. Im Backofen (Mitte, Umluft 180°) 20–25 Min. garen.

2 Friséesalat und Radicchio putzen, waschen, zerpflücken und trockenschleudern. Champignons putzen und in Scheiben schneiden. Die Avocado halbieren, vom Stein befreien und die Hälften schälen. Das Fruchtfleisch in Scheiben schneiden und mit dem Zitronensaft beträufeln. Gurke in kleine Stücke schneiden. Zwiebel schälen und in dünne Ringe schneiden.

3 Die Salatzutaten mischen. Rotwein mit Essig, Senf, Pfeffer, Salz und Honig verrühren. Das übrige Öl unterschlagen. Den Salat damit anmachen und auf zwei Tellern anrichten. Den Lachs aus der Folie nehmen, in Stücke schneiden und auf dem Salat verteilen.

---

1 *Bohnen-Radieschen-Salat mit Ei und Käse*
2 *Sommersalat mit Kalbsmedaillons*
3 *Frisée-Radicchio-Salat mit Lachs*

Blattsalat mit Spargel und Ziegenkäse

Zubereitungszeit: 45 Min.
Für 2 Personen (pro Portion ca. 600 kcal)

500 g Spargel, Meersalz, 1/2 Eichblattsalat, 1/2 Friséesalat, 1 Avocado, 3 TL Zitronensaft, 150 g kernlose Trauben, 4 Ziegenfrischkäse (à 40 g), 1/2 Bund Kerbel, 120 ml naturreiner Traubensaft, 1 TL Frutilose, 1 Msp. Cayennepfeffer, 1 TL Sonnenblumenöl, 1 TL edelsüßes Paprikapulver

1 Den Spargel waschen, schälen, von den holzigen Enden befreien und in Stücke schneiden. Salzwasser zum Kochen bringen und den Spargel darin in 18 Min. bissfest garen. Herausnehmen, abtropfen und abkühlen lassen.

2 Eichblatt- und Friséesalat putzen, waschen, in mundgerechte Stücke zerpflücken und trockenschleudern. Mit dem Spargel vermengen und auf zwei Tellern anrichten.

3 Die Avocado halbieren, vom Stein befreien, schälen und in Scheiben schneiden. Mit 1 TL Zitronensaft beträufeln.

4 Die Trauben waschen und halbieren. Den Käse in kleine Stücke schneiden. Avocadoscheiben, Traubenhälften und Käse auf dem Salat verteilen. Den Kerbel waschen, trockenschütteln, hacken und darüber streuen.

5 Für das Dressing den Traubensaft mit Frutilose, dem übrigen Zitronensaft, Salz, Cayennepfeffer und Kerbel verrühren. Das Öl unterschlagen. Das Dressing über den Salat geben. Mit Paprikapulver bestäubt servieren.

Salatplatte mit Kartoffel-Walnuss-Salat

Zubereitungszeit: 45 Min.
Für 2 Personen (pro Portion ca. 320 kcal)

400 g fest kochende Kartoffeln, 1 rote Paprikaschote, 80 g Mungobohnensprossen, 12 Walnusskernhälften, 1/2 Bund Schnittlauch, 1 Zwiebel, 2 EL saure Sahne, 1/8 l Gemüsebrühe, 3 TL Obstessig, 1/2 Bund Rucola, 1/2 Römersalat, 6 Kirschtomaten, Meersalz, Pfeffer aus der Mühle, 1 EL Sonnenblumenöl

1 Die Kartoffeln mit Schale in 25 Min. garen. Abgießen, leicht auskühlen lassen, pellen und in dünne Scheiben schneiden.

2 Paprikaschote halbieren, putzen, waschen und klein würfeln. Die Sprossen waschen, verlesen und abtropfen lassen.

3 6 Nüsse grob hacken, die übrigen beiseite legen. Schnittlauch waschen, trockenschütteln und in Röllchen schneiden. Zwiebel schälen und sehr fein würfeln. Gehackte Nüsse, Schnittlauch und Zwiebel mit den Kartoffeln vermengen.

4 Saure Sahne mit Brühe und 1 TL Essig verrühren. Mit Kartoffeln mischen und ziehen lassen.

5 Rucola und Römersalat putzen, waschen, mundgerecht zerpflücken, trockenschleudern, mischen und auf einer Platte anrichten. Die Tomaten waschen und halbieren.

6 Übrigen Essig mit Salz, Pfeffer und Öl verrühren und den Salat damit beträufeln. Den Kartoffelsalat darauf anrichten. Mit Tomaten und übrigen Nüssen garnieren.

Blumenkohl-Radieschen-Eiersalat

Zubereitungszeit: 25 Min.
Für 2 Personen (pro Portion ca. 295 kcal)

4 Eier, 600 g Blumenkohl, Meersalz, 1 Bund Radieschen, 2 Frühlingszwiebeln, 1/2 Bund Petersilie, 2 EL weißer Aceto balsamico, 1 TL Sonnenblumenöl, 1 TL Senf, 1 EL Crème fraîche, Pfeffer

1 Die Eier in 10–12 Min. hart kochen, mit kaltem Wasser abschrecken und pellen.

2 Den Blumenkohl waschen, putzen und in sehr kleine Röschen teilen. Salzwasser zum Kochen bringen. Den Blumenkohl darin bei mittlerer Hitze in 10–12 Min. bissfest garen. Herausnehmen und abtropfen lassen, dabei 5 EL Kochwasser auffangen und beiseite stellen.

3 Die Radieschen putzen, waschen und in feine Stifte schneiden. Die Frühlingszwiebeln putzen und waschen. Das Grün in Röllchen schneiden, das Weiße klein würfeln. Blumenkohl, Radieschen und Frühlingszwiebeln in einer Schüssel vermengen. Die Petersilie waschen, trockenschütteln und fein hacken. Die Eier würfeln.

4 Für das Dressing Essig, Öl, Senf, Blumenkohlbrühe, Crème fraîche, Salz und Pfeffer glatt verrühren. Den Salat damit anmachen und auf zwei Tellern anrichten. Eier und Petersilie darauf verteilen.

1 *Blattsalat mit Spargel und Ziegenkäse*
2 *Salatplatte mit Kartoffel-Walnuss-Salat*
3 *Blumenkohl-Radieschen-Eiersalat*

Bulgur-Mais-Salat

Zubereitungszeit: 25 Min.
Für 2 Personen (pro Portion ca. 560 kcal)

**Meersalz, 150 g Bulgur, 2 Frühlingszwiebeln,
4 Tomaten, 1/2 Bund Petersilie, 150 g Mais
(Dose oder tiefgekühlt), 1 Knoblauchzehe,
1 EL Obstessig, 2 EL Sonnenblumenöl,
Pfeffer, 1/2 TL edelsüßes Paprikapulver,
1 Prise Kreuzkümmel**

1 400 ml leicht gesalzenes Wasser zum Kochen
bringen. Den Bulgur zugeben und bei abgeschalteter Herdplatte 15 Min. quellen lassen,
bis das Wasser aufgesogen ist. Den Bulgur
mit einer Gabel lockern und abkühlen lassen.

2 Inzwischen die Frühlingszwiebeln putzen und
waschen. Das Grün in Röllchen schneiden,
das Weiße in kleine Würfel schneiden. Die
Tomaten waschen, von den Stielansätzen
befreien und grob würfeln. Petersilie waschen,
trockenschütteln und fein hacken. Den Mais
abtropfen oder auftauen lassen. Den Knoblauch schälen und fein hacken.

3 Frühlingszwiebeln, Tomaten, Mais und Petersilie mit dem Bulgur verrühren. Für das Dressing Essig mit Öl, Salz, Pfeffer, Knoblauch,
Paprikapulver und Kreuzkümmel verrühren
und den Salat damit anmachen.

➤ *Dazu passt als Vorspeise eine Suppe oder ein
Salat aus der neutralen Gruppe.*
➤ *Statt Mais können Sie 1/2 gelbe Paprikaschote
und 1 Stange Staudensellerie würfeln und unter-
mischen. Das Sonnenblumenöl können Sie durch
Olivenöl ersetzen.*

Nudel-Spargel-Salat

Zubereitungszeit: 35 Min.
Für 2 Personen (pro Portion ca. 760 kcal)

**300 g weißer Spargel, Meersalz,
160 g Vollkornnudeln (z. B. Hörnchen),
100 g Mais (Dose oder tiefgekühlt),
1 kleiner mürber Apfel, 1 TL Obstessig,
1 Bund Radieschen, 1/2 Bund glatte Petersilie,
80 g Salami, 150 g Joghurt, 1 EL Mayonnaise
(Rezept Seite 53), 1 TL Senf, Cayennepfeffer,
Currypulver**

1 Den Spargel waschen, schälen, von den holzigen
Enden befreien und in Stücke schneiden. Leicht
gesalzenes Wasser zum Kochen bringen und den
Spargel darin in 18 Min. bissfest garen. Herausnehmen, abtropfen lassen, dabei 80 ml Spargelwasser auffangen und beiseite stellen.

2 Die Nudeln in reichlich Salzwasser nach
Packungsangaben bissfest garen, dann abgießen und abtropfen lassen.

3 Inzwischen den Mais abtropfen oder auftauen
lassen. Den Apfel waschen, vierteln, entkernen,
klein würfeln und mit Obstessig beträufeln.
Die Radieschen putzen, waschen und in feine
Scheibchen schneiden. Petersilie waschen,
trockenschütteln und fein hacken. Die Salami
klein würfeln.

4 Spargel, Apfel, Radieschen, Salami und Mais
mit den Nudeln mischen. Joghurt mit der
Mayonnaise, Senf und Spargelwasser verrühren. Mit Salz, Cayennepfeffer und Curry würzen.
Den Nudelsalat damit anmachen und mit Petersilie bestreuen.

Reis-Fenchel-Salat

Zubereitungszeit: 50 Min.
Garzeit: 40 Min.
Für 2 Personen (pro Portion ca. 670 kcal)

125 g Naturreis, 1/2 TL Kurkuma, Meersalz, 2 Frühlingszwiebeln, 1 Fenchelknolle, 1 Avocado, 1 Banane, 1 Stück frischer Ingwer (etwa haselnussgroß), 6 getrocknete, ungeschwefelte Aprikosen, 1 EL Obstessig, 1 TL Weizenkeimöl, 1 TL Honig, Kardamom, Kreuzkümmel, Koriander, 1 TL abgeriebene Schale von 1 unbehandelten Zitrone, 50 ml Kokosmilch, 3 EL gehackte Mandeln

1 Reis öfter waschen. Mit Kurkuma und Salz in einen Topf geben, mit Wasser bedecken und bei schwacher Hitze 30 Min. köcheln lassen. Herd ausschalten, den Reis 10 Min. quellen lassen.

2 Frühlingszwiebeln putzen und waschen. Das Grün in Röllchen und das Weiße in kleine Würfel schneiden. Fenchel putzen, halbieren und ohne den mittleren Strunk fein hacken. Die Avocado schälen, halbieren, entkernen und würfeln. Die Banane schälen und in Scheiben schneiden. Den Ingwer schälen und fein hacken, die Aprikosen klein würfeln.

3 Avocado, Frühlingszwiebeln, Banane, Fenchel und Reis mischen. Essig mit Öl, Honig, Salz, Kardamom, Kreuzkümmel, Koriander und Zitronenschale verrühren. Die Kokosmilch unterschlagen. Ingwer und Aprikosenwürfel unterrühren. Den Salat damit anmachen und mit den gehackten Mandeln bestreuen.

---

1 *Bulgur-Mais-Salat*
2 *Nudel-Spargel-Salat*
3 *Reis-Fenchel-Salat*

Desserts – fruchtig & frisch

Auf das »Süße danach« müssen Sie bei der Trennkost nicht verzichten. Ob Sie in einen Apfel beißen, einen Obstsalat zubereiten oder Dessertklassiker abwandeln, wichtig ist, dass Sie auch hierbei die Trennregeln beachten.

Kein Tag ohne frische Früchte – das ist die Devise in der Trennkost. Obst ist zwar ein wichtiger Basenbildner, trotzdem darf frisch geerntetes und säurereiches Obst nicht mit Nahrungsmitteln aus der Kohlenhydratgruppe kombiniert werden. Beerenfrüchte, Kern- und Steinobst, Weintrauben und Zitrusfrüchte gehören zur Eiweißgruppe und passen pur oder in Kombination mit Quark, Mascarpone, Ricotta oder Joghurt gut als Abschluss zu einer Eiweißmahlzeit.

Bananen, Feigen, Datteln, Trockenobst und mürbe, säurearme Äpfel gehören zur Kohlenhydratgruppe und harmonieren mit Reis, Hirse, Bulgur, Amaranth und Quinoa. Wenn es besonders schnell gehen soll, können Sie jedes Kohlenhydratgericht einfach nur mit frischen Feigen, einer Banane oder ein paar Trockenfrüchten süß beenden.

Nur Heidelbeeren und Rosinen zählen zur neutralen Gruppe und runden sowohl eine Eiweiß- als auch eine Kohlenhydratmahlzeit ab.

Früchte-Variationen

Normalerweise sollten Sie Obst in der Trennkost möglichst unverarbeitet genießen. Doch wer die Abwechslung liebt, kann von dieser Regel dann und wann abweichen. Püriert, als Kompott, Kaltschalen oder Obstsalat, Eis oder Sorbet schmecken Früchte ebenso gut. Nutzen Sie für einen Obstsalat das reichhaltige saisonale Angebot, und mixen Sie nach Geschmack und Vorlieben, beispielsweise Mango, Ananas, Kiwi und Kokosnuss oder Nektarinen, Aprikosen, Johannisbeeren und Pistazien. Obstsalat schmeckt nach jeder Eiweißmahlzeit und ist superschnell zubereitet.

Obst und gesäuerte Milchprodukte

Buttermilch, Kefir, Dickmilch, Joghurt und Quark sind zwar eiweißreich, werden aber in der Trennkost als neutral eingestuft. Denn bei ihrer Herstellung werden der schwer verdaulichen Milch Milchsäurebakterien zugesetzt, wodurch die Milch verändert und das Endprodukt leichter verdaulich wird. Mit frischen ganzen oder pürierten Früchten und etwas Honig lassen sich daraus im Handumdrehen süße Leckereien zubereiten.

Desserts ohne Milch

Milch gehört zur Eiweißgruppe, und zwar unabhängig von ihrem Fettgehalt. Sie ist daher für eine Kombination mit überwiegend kohlenhydratreichen Nahrungsmitteln ungeeignet. Wer dennoch auf Gratins, Puddings oder Pfannkuchen nicht verzichten möchte, nimmt statt Milch einen neutralen Milchersatz. Bewährt hat sich in der Küchenpraxis eine Mischung aus einem Drittel Sahne, Kokosmilch oder Soja Creme aus dem Reformhaus oder Bio-Supermarkt und zwei Dritteln Wasser.

Alternativen zum Süßen

Zucker und Puderzucker passen nicht in die Trennkost. Wenn gesüßt wird, dann möglichst sparsam und mit alternativen Süßungsmitteln aus dem Reformhaus, Naturkostladen oder Bio-Supermarkt. Allesamt werden sie der Kohlenhydratgruppe zugeordnet.

➤ Agavendicksaft hat eine stärkere Süßkraft als Zucker und ist sehr sparsam im Verbrauch.

➤ Ahornsirup ist ein wohlschmeckendes Naturprodukt zum Süßen.

➤ Apfel- und Birnendicksaft werden aus erhitztem und eingedicktem Apfel- bzw. Birnensaft hergestellt. Beide Dicksäfte können in kleinen Mengen auch zum Süßen von Eiweißgerichten verwendet werden.

➤ Frutilose ist ein schonend eingedickter Obstdicksaft. Auch dieses Süßungsmittel kann in kleinen Mengen zum Süßen von Eiweißmahlzeiten oder neutralen Gerichten verwendet werden.

➤ Honig ist ein Gemisch aus Aromen und Invertzucker und zum Süßen ebenfalls gut geeignet.

◼ Nussreis mit Apfel

125 g parboiled Naturreis in einem Topf mit Wasser bedecken, aufkochen und bei schwacher Hitze 20 Min. quellen lassen. 50 g Haselnusskerne grob hacken. 1 mürber Apfel klein würfeln. 1 EL Butter in einer Pfanne schmelzen lassen und die Nüsse darin rösten. Apfel zugeben und kurz mitbraten. Den Reis abtropfen lassen und mit 1 EL Honig, 1 TL Zitronenschale, 1 Msp. Safran, 1 TL Zimtpulver und 100 ml Kokosmilch unterrühren. Mit Zimt bestreut servieren.

◼ Früchte mit Rumsahne

300 g Früchte der Saison (z. B. Erd-, Him- oder Brombeeren oder Kirschen) waschen, putzen und klein schneiden. 200 g Früchte mit 2 EL Ahornsirup aufkochen, dann abkühlen lassen. Die restlichen Früchte zugeben. 60 g Sahne halbsteif schlagen, dann 1 EL weißen Rum tropfenweise unterschlagen. Die Früchte in ein Schälchen geben und mit Rumsahne und 1 EL gehackten Pistazien bestreut servieren.

◼ Grießpudding

100 g Sahne, 100 ml Wasser, 1 EL Agavendicksaft und das Mark von 1/2 Vanillestange aufkochen lassen. 50 g Hartweizengrieß einrühren und bei schwacher Hitze 1 Min. köcheln lassen, dann beiseite stellen. 1 Eigelb und 1 EL Butter unterrühren. Zwei kleine Förmchen mit kaltem Wasser ausspülen, den Pudding einfüllen und kalt stellen. 100 g TK-Heidelbeeren auftauen lassen, dann mit 1 EL Honig fein pürieren. 1 EL Mandelblättchen goldbraun rösten. Den Pudding stürzen und auf zwei Dessertteller anrichten. Mit Heidelbeerpüree und Mandeln garnieren.

Geeister Vanille-Frischkäse mit Pflaumen

Zubereitungszeit: 20 Min.
Gefrierzeit: 45 Min.
Für 2 Personen (pro Portion ca. 195 kcal)

4 Pflaumen, 2 TL Honig, 1 unbehandelte Zitrone, 75 g Frischkäse, 75 g Joghurt, 1/2 TL Vanillepulver (Reformhaus)

1 Die Pflaumen waschen, halbieren, entkernen und in kleine Stücke schneiden. Mit 75 ml Wasser und 1 TL Honig zum Kochen bringen und 5 Min. köcheln lassen, dann abkühlen lassen.

2 In der Zwischenzeit die Zitrone heiß waschen, mit Küchenpapier abtrocknen und etwa 1/2 TL Zitronenschale abreiben.

3 Frischkäse und Joghurt in einer Metallschüssel cremig verrühren. Vanille, restlichen Honig, Zitronenschale und 3 EL von dem Pflaumensud unterrühren.

4 Die Masse etwa 45 Min. ins Tiefkühlfach stellen, dabei gelegentlich umrühren, damit sich keine Kristalle bilden. Den geeisten Frischkäse mit den Pflaumen anrichten und servieren.

Mein Tipp

Schnell gerührt

Aus Quark, Frischkäse, Joghurt oder Dickmilch und Früchten ist rasch ein Dessert gerührt. 250 g Quark (20 % Fett i. Tr.) mit 4 EL Mineralwasser cremig rühren. 150 g Himbeeren verlesen und zerdrücken. 6 Minzeblättchen fein hacken. Mit Himbeermus und 2 EL Ahornsirup unter den Quark rühren.

Joghurt-Halbgefrorenes mit Mandeln

Zubereitungszeit: 30 Min.
Gefrierzeit: 30 Min.
Für 2 Personen (pro Portion ca. 430 kcal)

40 g geschälte Mandeln, 2 EL Rapshonig, einige Tropfen Rosenwasser (Apotheke), 300 g Joghurt, 60 g Sahne, 2 TL gehackte Pistazien

1 Die Mandeln fein mahlen. Mit Honig und Rosenwasser cremig verrühren.

2 Den Joghurt in einer Metallschüssel glatt rühren und mit der Mandelmasse verrühren. Die Sahne steif schlagen und unter den Mandeljoghurt heben.

3 Die Masse etwa 30 Min. ins Gefrierfach stellen, dabei gelegentlich umrühren, damit sich keine Eiskristalle bilden.

4 Zwei Dessertschalen kalt stellen. Das Halbgefrorene in den Dessertschalen anrichten und mit Pistazien bestreut servieren.

Variante
Statt Mandeln 250 g frische oder tiefgekühlte Beeren (Brombeeren, Himbeeren oder Erdbeeren) mit einer Gabel zerdrücken, dabei einige ganze Früchte zum Garnieren beiseite legen. Das Beerenmus durch ein Sieb streichen. Mit 200 g Joghurt und 2 EL Frutilose verrühren. Die Masse etwa 1 Std. in das Gefrierfach stellen, dabei gelegentlich umrühren. In Dessertschalen anrichten und mit den übrigen Beeren garniert servieren. So zubereitet, gehört das Dessert zur Eiweißgruppe.

Buttermilchgelee mit Heidelbeeren

Zubereitungszeit: 15 Min.
Kühlzeit: 3 Std.
Für 2 Personen (pro Portion ca. 250 kcal)

3 Blatt weiße Gelatine, 200 g Heidelbeeren (frisch oder tiefgekühlt), 200 g Buttermilch, 150 g Joghurt, 3 EL Ahornsirup, 1 Vanilleschote (ersatzweise 1/2 TL Vanillepulver; Reformhaus)

1 Gelatine in kaltem Wasser 10 Min. einweichen. Frische Heidelbeeren verlesen, waschen und mit einer Gabel zu Mus zerdrücken. TK-Heidelbeeren vorher auftauen lassen. Einige Beeren zum Garnieren beiseite legen.

2 Buttermilch mit Joghurt und Ahornsirup verrühren. Die Vanilleschote mit einem spitzen Messer längs aufschneiden und das Mark dazukratzen.

3 Die Gelatine tropfnass in einen kleinen Topf geben und bei schwacher Hitze auflösen. Tropfenweise unter die Buttermilch-Joghurt-Masse rühren.

4 Das Heidelbeermus so unterziehen, dass ein unregelmäßiges Muster entsteht. Das Gelee in Dessertgläser füllen und 3 Std. in den Kühlschrank stellen, bis es fest ist. Mit den restlichen Heidelbeeren garniert servieren.

1 *Geeister Vanille-Frischkäse mit Pflaumen*
2 *Joghurt-Halbgefrorenes mit Mandeln*
3 *Buttermilchgelee mit Heidelbeeren*

Pancake mit eingelegten Aprikosen

Zubereitungszeit: 15 Min.
Quellzeit: 5 Std.
Für 2 Personen (pro Portion ca. 285 kcal)

6 getrocknete, ungeschwefelte Aprikosen, 4 EL Aprikosenbrand, 50 g feines Dinkelvollkornmehl, 1 TL Weinstein Backpulver, 1/8 l Kokosmilch, 1 Eigelb, 1 Prise Meersalz, 4 TL Butter

1 Die Aprikosen in Würfel schneiden, mit dem Aprikosenbrand übergießen und zugedeckt 5 Std. quellen lassen.

2 Für die Pancakes Mehl und Backpulver mischen. Mit Kokosmilch, 5 EL Wasser, Eigelb und Salz zu einem glatten Teig verrühren. Den Teig 5 Min. quellen lassen.

3 2 TL Butter in einer kleinen Pfanne (22 cm Ø) schmelzen lassen. Die Hälfte des Teiges in die Pfanne geben und bei mittlerer Hitze 1–2 Min. backen. Den Pancake wenden und von der zweiten Seite 1–2 Min. backen. Herausnehmen und warm halten. Aus der restlichen Butter und dem übrigen Teig einen zweiten Pancake backen.

4 Die Pancakes mit den eingelegten Aprikosen auf zwei Tellern anrichten und servieren.

Tipp
Kokosmilch können Sie leicht selbst herstellen. Dafür 100 g Kokosraspel mit 1/2 l kochendem Wasser übergießen, 30 Min. quellen lassen, dann durch ein Sieb abgießen und die Kokosmilch dabei auffangen.

Gebackene Feigen in Gewürzsud

Zubereitungszeit: 10 Min.
Backzeit: ca. 25 Min.
Für 2 Personen (pro Portion ca. 205 kcal)

1 unbehandelte Zitrone, 2 EL Honig, 1/2 TL Ingwerpulver, 2 TL Zimtpulver, 1/2 TL Nelkenpulver, 6 frische Feigen, 60 g Frischkäse

1 Für den Gewürzsud die Zitrone waschen, mit Küchenpapier abtrocknen und 1 TL Schale abreiben. Mit 100 ml warmem Wasser, Honig, Ingwer-, Zimt- und Nelkenpulver verrühren. Den Backofen auf 180° vorheizen.

2 Die Feigen waschen und mit einem Holzspießchen oder der Spitze eines Küchenmessers rundum mehrmals einstechen.

3 Die Feigen in eine kleine Auflaufform geben und bis auf 2 EL mit dem Gewürzsud übergießen. Dann im Backofen (Mitte, Umluft 160°) 20–25 Min. überbacken, dabei die Früchte zwischendurch immer wieder mit dem Gewürzsud übergießen.

4 In der Zwischenzeit den Frischkäse mit dem übrigen Gewürzsud cremig verrühren. Die Feigen mit dem Gewürzsud und der Frischkäsecreme auf zwei Tellern anrichten und servieren.

Gebratene Banane mit Walnuss-Sauce

Zubereitungszeit: 10 Min.
Für 2 Personen (pro Portion ca. 310 kcal)

2 Bananen, 2 TL Butter,
2 EL gehackte Walnusskerne,
4 EL Sahne, 2 TL Honig

1 Die Bananen schälen und längs halbieren.
Die Butter in einer beschichteten Pfanne
schmelzen lassen. Die Bananenhälften darin
bei mittlerer Hitze 3 Min. braten, dann an den
Pfannenrand schieben.

2 Die Nüsse in die Mitte geben und kurz mit-
rösten, bis sie duften. Die Sahne dazugeben
und den Honig unterrühren.

3 Die Bananen mit der Walnuss-Sauce auf zwei
Tellern anrichten und servieren.

Tipp
Zum Flambieren die heißen Bananen mit einem
Schnapsglas (2 cl) hochprozentigem Alkohol, z. B.
Kirschwasser, Aquavit oder Wodka, übergießen,
anzünden und den Alkohol verbrennen lassen.

1 *Pancake mit eingelegten Aprikosen*
2 *Gebackene Feigen in Gewürzsud*
3 *Gebratene Banane mit Walnuss-Sauce*

Erdbeermousse mit Karambole

Zubereitungszeit: 20 Min.
Kühlzeit: 2 Std.
Für 2 Personen (pro Portion ca. 290 kcal)

**2 Blatt weiße Gelatine, 200 g Erdbeeren,
5 EL Frutilose, 100 g Sahne, 2 frische Eigelbe,
1 EL Pistazienkerne, 2 Karambolen**

1 Die Gelatine in kaltem Wasser 10 Min. einweichen. Die Erdbeeren waschen, putzen und mit Frutilose pürieren. Das Erdbeerpüree kurz aufkochen lassen und beiseite stellen.

2 Die Sahne steif schlagen. Die Eigelbe mit dem Handrührgerät cremig rühren. Das heiße Erdbeerpüree tröpfchenweise mit dem Schneebesen unter die Eigelbe rühren.

3 Die Gelatine ausdrücken, in einem kleinen Topf bei schwacher Hitze auflösen und rasch unter die Creme rühren.

4 Die Sahne sofort vorsichtig unter das warme Eigelb-Erdbeer-Püree heben. Die Erdbeermousse 2 Std. in den Kühlschrank stellen.

5 Zum Servieren zwei Dessertteller mit Pistazien bestreuen. Aus der Mousse mit 2 Teelöffeln Nocken abstechen und darauf geben.

6 Die Karambolen waschen, in Scheiben schneiden und die Mousse damit garnieren.

Litschi-Mandarinen-Salat mit Zimt-Joghurt

Zubereitungszeit: 15 Min.
Für 2 Personen (pro Portion ca. 610 kcal)

**2 EL Rosinen, 10 Litschis, 2 Mandarinen,
2 EL gehackte Mandeln, 1 EL Honig,
150 g Joghurt, 2 TL Zimtpulver**

1 Die Rosinen mit kochendem Wasser übergießen, 5 Min. ziehen lassen, dann abgießen und abtropfen lassen.

2 Die Litschis schälen, von den Kernen befreien und in kleine Würfel schneiden. Die Mandarinen schälen und in Spalten teilen. Die Mandeln in einer kleinen Pfanne ohne Fett goldbraun rösten.

3 Den Honig mit Joghurt und Zimtpulver verrühren. Litschis und Mandarinenspalten mit den Rosinen mischen. Das Obst in zwei Dessertgläser geben und den Zimt-Joghurt darüber geben. Mit Mandeln bestreut servieren.

Mein Tipp

Fruchtiges zum Genießen

Frische Früchte lassen sich schnell und vielseitig zu einem köstlichen Dessert verarbeiten. Hier eine weitere Kostprobe: 2 Pfirsiche oder Nektarinen waschen, halbieren, entkernen und in Spalten schneiden. Auf zwei Tellern anrichten. 200 g Heidelbeeren mit 2 TL Honig pürieren. Das Püree zu den Pfirsich- oder Nektarinenspalten geben. 2 EL Sahne steif schlagen und dazu servieren.

Erdbeeren mit Gorgonzolacreme

Zubereitungszeit: 10 Min.
Für 2 Personen (pro Portion ca. 190 kcal)

**200 g Erdbeeren, 40 g Gorgonzola,
3 EL saure Sahne, 100 g Joghurt, 2 EL Portwein,
Pfeffer aus der Mühle, einige Minzeblättchen**

1 Die Erdbeeren waschen, putzen, abtropfen
lassen und je nach Größe vierteln.

2 Den Käse mit einer Gabel zerdrücken. Die saure
Sahne mit dem Joghurt cremig verrühren und
unter den Gorgonzola rühren.

3 Die Gorgonzolacreme mit den Erdbeeren anrichten, mit dem Portwein beträufeln und etwas
Pfeffer darüber mahlen. Mit Minzeblättchen
garniert servieren.

1 *Erdbeermousse mit Karambole*
2 *Litschi-Mandarinen-Salat mit Zimt-Joghurt*
3 *Erdbeeren mit Gorgonzolacreme*

Panna cotta mit Himbeersauce

Zubereitungszeit: 25 Min.
Kühlzeit: 3 Std.
Für 2 Personen (pro Portion ca. 440 kcal)

3 Blatt weiße Gelatine, 1 Vanilleschote, 250 g Sahne, 1 EL Honig, 250 g Himbeeren, 1 EL Ahornsirup

1 Die Gelatine in kaltem Wasser 10 Min. einweichen. Die Vanilleschote aufschneiden und das Mark mit einem spitzen Messer in die Sahne kratzen. Die Vanillesahne mit der Schote bei schwacher Hitze offen 10 Min. köcheln lassen.

2 Die Vanilleschote entfernen. Den Honig darin auflösen. Die Gelatine gut ausdrücken und unter die heiße Sahne rühren, bis sie aufgelöst ist.

3 Zwei bis vier kleine Förmchen oder Kaffeetassen mit kaltem Wasser ausspülen und die Sahne hineingießen. Die Panna cotta im Kühlschrank in 3 Std. fest werden lassen.

4 Inzwischen für die Sauce die Himbeeren verlesen und mit einer Gabel zu Mus zerdrücken. Das Himbeermus durch ein Sieb streichen und mit dem Ahornsirup verrühren.

5 Zum Servieren die Förmchen kurz in heißes Wasser tauchen. Die Creme mit einem spitzen Messer vorsichtig vom Rand lösen und auf Dessertteller stürzen. Mit der Himbeersauce servieren.

Joghurttörtchen mit Marzipanboden

Zubereitungszeit: 20 Min.
Kühlzeit: 3 Std.
Für 2 Personen (pro Portion ca. 415 kcal)

70 g fein gemahlene Mandeln, 2 1/2 EL flüssiger Honig, 4 Tropfen Bittermandelöl, 2 Blatt weiße Gelatine, 8 Erdbeeren, 150 g Joghurt, 70 g Quark (20 % Fett i. Tr.), 1 TL abgeriebene Schale von 1 unbehandelten Zitrone, 1 EL Mandelblättchen

1 Zwei kleine Springformen (12 cm ø) mit je 1 TL Mandeln bestreuen. Für den Boden die restlichen Mandeln mit 1 EL Honig und Bittermandelöl zu einem geschmeidigen Teig verkneten. Den Marzipanteig in zwei gleich große Portionen teilen und gleichmäßig auf dem Boden der Springformen verteilen.

2 Die Gelatine in kaltem Wasser 10 Min. einweichen. Die Erdbeeren waschen, putzen und in Scheiben schneiden, dabei 2 kleine Erdbeeren zum Garnieren beiseite legen.

3 Joghurt mit Quark, restlichem Honig und Zitronenschale verrühren. Die Gelatine ausdrücken, in einem kleinen Topf auflösen und tropfenweise unter die Creme rühren.

4 Die Hälfte der Creme auf die Marzipanböden streichen und mit den Erdbeerscheiben belegen. Restliche Joghurtcreme darauf verteilen.

5 Die Oberfläche glatt streichen und mit den übrigen Erdbeeren garnieren. Im Kühlschrank in 3 Std. fest werden lassen. Zum Servieren die Törtchen aus der Form lösen und mit den Mandelblättchen bestreut servieren.

➤ *Eventuell den Marzipanboden im vorgeheizten Backofen bei 160° vorbacken, abkühlen lassen und wie oben beschrieben weiterverarbeiten.*

117

Feigen-Crêpes

Zubereitungszeit: 40 Min.
Für 2 Personen (pro Portion ca. 490 kcal)

6 frische Feigen, 1 EL Honig, 1 TL abgeriebene Schale von 1 unbehandelten Zitrone, 1 EL Wodka (nach Belieben), 50 g feines Dinkelvollkornmehl, 1 TL Weinstein-Backpulver, 50 g Sahne, 1 Eigelb, 1 Prise Meersalz, 4 TL Sonnenblumenöl, 4 TL Mascarpone, 2 TL Ahornsirup

1 Die Feigen waschen. Mit Honig in einen kleinen Topf geben und mit Wasser bedecken. Die Feigen zugedeckt bei schwacher Hitze 30 Min. köcheln lassen, dabei zwischendurch umrühren. Dann aus dem Wasser nehmen und abkühlen lassen.

2 Die Feigen in kleine Stücke schneiden. Mit Zitronenschale und Wodka mischen.

3 Mehl und Backpulver mischen. Mit Sahne, 75 ml Wasser, Eigelb und Salz zu einem glatten Teig verrühren. Den Teig 5 Min. quellen lassen.

4 1 TL Öl in einer kleinen beschichteten Pfanne von 22 cm Durchmesser erhitzen. 1 kleine Schöpfkelle Teig in die Pfanne geben und bei mittlerer Hitze 1–2 Min. backen, den Crêpe wenden und von der zweiten Seite 1–2 Min. backen. Herausnehmen und warm halten. Aus dem restlichen Öl und dem übrigen Teig 3 weitere dünne Crêpes backen.

5 Die Crêpes dünn mit je 1 TL Mascarpone bestreichen. Die Feigenwürfel darauf verteilen und die Crêpes aufrollen. Mit dem Ahornsirup beträufeln und servieren.

Kokosmilchreis

Zubereitungszeit: 50 Min.
Für 2 Personen (pro Portion ca. 330 kcal)

200 ml Kokosmilch, 80 g Vollkorn-Milchreis, 2 EL Mandelblättchen, 2 EL Rosinen, 2 TL Honig, 1 EL gehackte Pistazien, 2 TL Zimtpulver

1 Die Kokosmilch mit 150 ml Wasser in einem Topf verrühren. Den Reis zugeben und zugedeckt bei schwacher Hitze 30 Min. köcheln lassen, dabei gelegentlich umrühren.

2 Die Mandeln in einer kleinen beschichteten Pfanne ohne Fett goldbraun rösten und zum Garnieren beiseite stellen.

3 Die Herdplatte ausschalten. Die Rosinen unter den Reis rühren und den Reis weitere 10 Min. quellen lassen. Den Honig unterrühren und nach Belieben abkühlen lassen.

4 Den Kokosmilchreis in zwei Schalen anrichten. Mit Mandeln, Pistazien und Zimt bestreuen und warm oder kalt servieren.

Varianten
Statt Mandeln können Sie Kokosraspel goldbraun rösten. An Stelle der Rosinen können Sie getrocknete, ungeschwefelte Aprikosen oder Datteln klein schneiden und unter den Reis rühren.

Gratinierte Himbeeren

Zubereitungszeit: 10 Min.
Backzeit: ca. 15 Min.
Für 2 Personen (pro Portion ca. 110 kcal)

**250 g Himbeeren, 1 kleines Ei, 2 TL Honig,
1 Prise Meersalz**

1 Die Himbeeren verlesen und in eine kleine
Auflaufform geben. Den Backofen auf 170°
vorheizen.

2 Das Ei in Eigelb und Eiweiß trennen. Eigelb
und Honig mit dem Handrührgerät schaumig
schlagen. Das Eiweiß mit Salz halb steif
schlagen. Den Eischnee vorsichtig unter das
Eigelb heben.

3 Die Masse gleichmäßig auf den Himbeeren
verteilen. Die Beeren im Backofen (Mitte,
Umluft 150°) in 15 Min. überbacken, bis die
Eimasse leicht fest ist.

Variante
*Statt Himbeeren können Sie auch Erdbeeren,
Kiwischeiben oder Orangenstücke verwenden.*

1 *Feigen-Crêpes*
2 *Kokosmilchreis*
3 *Gratinierte Himbeeren*

Ananas-Cocktail

Zubereitungszeit: 10 Min.
Für 2 Drinks (pro Drink ca. 175 kcal)

2 1/2 Scheiben Ananas, 4 EL weißer Rum,
1/2 l frisch gepresster Orangensaft,
2 EL gestoßenes Eis

1 2 Ananasscheiben schälen und in grobe Würfel schneiden. Die halbe Ananasscheibe halbieren und beiseite legen.

2 Die Ananaswürfel mit Rum, Orangensaft und gestoßenem Eis in den Mixer geben und fein pürieren. Durch ein Sieb in zwei Gläser füllen. Die Ananasstücke an den Glasrand stecken und den Drink sofort servieren.

Melonen-Drink mit Ingwer

Zubereitungszeit: 15 Min.
Für 2 Drinks (pro Drink ca. 190 kcal)

1/2 Cantaloup-Melone, 1 Stück frischer Ingwer
(etwa haselnussgroß), 5 EL weißer Rum,
2 TL Honig, 2 EL gestoßenes Eis, 40 ml Eiswasser,
2 Zweige Zitronenmelisse, 2 Cocktailspieße

1 Die Melone entkernen, schälen und in Stücke schneiden. 4 Melonenstücke zum Garnieren beiseite legen. Den Ingwer schälen und fein hacken.

2 Melonenwürfel mit Rum, Honig, gestoßenem Eis und Eiswasser in den Mixer geben und fein pürieren. Den Melonensaft durch ein Sieb geben und den Ingwer unterrühren.

3 Den Saft in zwei Gläser füllen. Je zwei Melonenstücke aufspießen und über den Glasrand legen. Mit Zitronenmelisse garniert servieren.

Eistee mit Zitrone

Zubereitungszeit: 5 Min.
Kühlzeit: 30 Min.
Für 2 Drinks (pro Drink ca. 20 kcal)

1/2 Bund Pfefferminze, 2 TL Honig,
3 EL Zitronensaft, 6 Eiswürfel

1 Von der Minze 2 kleine Zweige beiseite legen. Die übrige Pfefferminze mit 400 ml kochendem Wasser übergießen und 3 Min. ziehen lassen.

2 Den Pfefferminztee durch ein Sieb gießen. Honig und Zitronensaft unterrühren und den Tee abkühlen lassen.

3 Jeweils 3 Eiswürfel in zwei hohe Gläser geben und mit dem Tee auffüllen. Mit Minze garniert servieren.

Champagner-Orange

Zubereitungszeit: 5 Min.
Für 2 Drinks (pro Drink ca. 120 kcal)

1 unbehandelte Orange, Champagner

1 Die Orange waschen und abtrocknen. Aus der Schale zwei dünne Spiralen schneiden. Die Orange halbieren, den Saft auspressen und in zwei Sektgläser geben.

2 Mit Champagner auffüllen und die Orangenschale an den Glasrand hängen.

Sangria »light«

Zubereitungszeit: 15 Min.
Ziehzeit: 1 Std.
Kühlzeit: 2 Std.
Für 2 Personen (pro Person ca. 140 kcal)

2 EL Früchtetee (ersatzweise 2 Beutel),
150 g Erdbeeren, 1 Orange, 1/2 unbehandelte
Zitrone, 1/8 l Rotwein, 2 EL Birnendicksaft

1 Den Früchtetee mit 400 ml kochendem Wasser übergießen und 1 Std. ziehen lassen.

2 Die Erdbeeren waschen, putzen und grob würfeln. Die Orange schälen und das Fruchtfleisch in kleine Würfel schneiden. Die Zitrone waschen, abtrocknen und in Scheiben schneiden.

3 Die Früchte in einem großen Krug mischen. Den Früchtetee durch ein Sieb gießen. Mit Rotwein und Birnendicksaft mischen und über die Früchte gießen. Gut gekühlt servieren.

➤ *Für das gestoßene Eis 2 Eiswürfel in ein sauberes Küchentuch wickeln und mit einem Nudelholz oder Hammer zerschlagen.*
➤ *Die Deko macht Drinks auch optisch attraktiv, doch sie darf nicht zu üppig ausfallen oder gar beim Trinken stören. Wählen Sie lieber einige wenige geschmacklich und farblich passende Fruchtstücke aus, um sie an den Glasrand oder auf einen Cocktailspieß zu stecken.*

1 *Ananas-Cocktail*
2 *Melonen-Drink mit Ingwer*
3 *Sangria »light«*

Der Wochenplan

	1. Tag	2. Tag	3. Tag	4. Tag
Frühstück				
Erste Zwischen-mahlzeit				
Mittagessen				
Zweite Zwischen-mahlzeit				
Abendessen				

Kombiniere Eiweißmahlzeiten ▮ + neutrale Gerichte ▮ oder ...

Kopiervorlage

5. Tag	6. Tag	7. Tag	Einkaufsliste

... Kohlenhydratmahlzeiten [ ] + neutrale Gerichte [ ]

Piktogramme, Mengen und Maße

Die Farbsymbole

Damit Sie auf Anhieb erkennen, zu welcher Gruppe ein Gericht gehört, ist jedes Rezept farbig gekennzeichnet.

 = **Kohlenhydratmahlzeit**

 = **Eiweißmahlzeit**

 = **neutrale Mahlzeit**

Die Praxis-Symbole

Die Symbole bei den Hauptgerichten geben Ihnen praktische Zusatzinformationen zum Rezept.

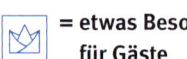 = **etwas Besonderes/ für Gäste**

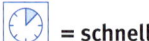 = **schnell**

 = **kostengünstig**

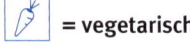 = **vegetarisch**

 = **zum Mitnehmen**

 = **gelingt leicht**

Zeitangaben

Die Zubereitungszeit enthält sowohl die Vorbereitungszeit als auch die Garzeit. Extrazeiten, zum Beispiel zum Backen oder Marinieren, sind in einer weiteren Zeile angegeben und müssen zur Zubereitungszeit dazugerechnet werden.

Mengen

Die Zutatenmengen beziehen sich auf die ungeputzte Rohware. Bei Angaben in **Stück** wird von einer mittleren Größe ausgegangen, wenn nichts anderes angegeben ist. Bei Mengenangaben in Esslöffeln **(EL)** oder Teelöffeln **(TL)** sind immer gestrichene Maße gemeint. Bei **Eiern** gilt die Gewichtsklasse M. Wird im Rezept **Gemüsebrühe** verwendet, gilt: Ab 1 Esslöffel Brühe muss etwas Instantpulver in 1 EL Wasser aufgelöst werden. 1 Teelöffel Instantpulver wird wie Streuwürze verwendet.

1 Prise ist so viel Salz oder Cayennepfeffer, wie Sie zwischen Daumen und Zeigefinger halten können. Vorsicht bei Chilipulver!

1 Messerspitze (Msp.) ist die Menge, die bequem auf die Spitze eines Messers passt. Vorsicht bei Sambal oelek!

1 Spritzer entspricht etwa 3 bis 5 Tropfen. Vorsicht bei Tabasco!

Gerichte optimal kombinieren

Wenn Sie verschiedene Gerichte zu einem Tages- und Wochenplan oder Menü kombinieren möchten, beachten Sie jeweils die Farbsymbole und damit die jeweilige Gruppenzugehörigkeit.

Kohlenhydrat- und Eiweißgerichte lassen sich zwar innerhalb einer Gruppe beliebig kombinieren, dürfen aber nicht miteinander gemixt werden.

Neutrale Gerichte können entweder Kohlenhydrat- oder Eiweißmahlzeiten ergänzen.

Lieblingsrezepte trennkostgerecht ändern

Wenn Sie auf Ihre bisherigen Lieblingsrezepte nicht ganz verzichten möchten, schreiben Sie die Rezepte einfach nach den Trennregeln um. Eigenkreationen übertragen Sie am besten in ein Heft, auf eine Karteikarte oder in eine Datei im Computer. Beim Verändern von Rezepten und auch bei Eigenkreationen sollten Sie ebenfalls immer die Gruppenzugehörigkeit der einzelnen Zutaten beachten, die Sie verwenden möchten. Mit Hilfe des Trennplans auf den Seiten 14 und 15 gelingen Ihnen die Änderungen im Nu.

Abkürzungen

TL	=	Teelöffel
EL	=	Esslöffel
g	=	Gramm
ml	=	Milliliter
Msp.	=	Messerspitze
geh.	=	gehäuft
Fett i. Tr.	=	Fett in der Trockenmasse

© 2003 Gräfe und Unzer Verlag GmbH, München

Programmleitung:
Doris Birk

Leitende Redakteurin:
Birgit Rademacker

Redaktion:
Tanja Dusy

Lektorat: Dipl. oec. troph. Maryna Zimdars

Herstellung: Petra Roth

Umschlaggestaltung:
Independent Medien Design

Satz: Knipping Werbung GmbH, München

Bildnachweis: Foodphotographie Eising: Seite 7, GU: Seite 5, 11: Kai Mewes, Seite 13: Jörn Rynio

Alle übrigen Fotos:
Michael Brauner

Reproduktion:
Repro Ludwig, Zell am See

Druck: Appl, Wemding

Bindung: Monheim

ISBN: 3-7742-5935-6

Auflage   5.   4.   3.   2.   1.
Jahr   2007 06 05 04 03

Ihr ganz persönlicher Kontakt zu Ursula Summ:
Täglich erreichen Frau Summ Leserbriefe und Anrufe aus dem In- und Ausland, mit vielen Fragen zur Gewichtsabnahme und mit der Bitte, bei der Zusammenstellung von Essplänen behilflich zu sein. Auch wird Frau Summ immer wieder gebeten, Seminare über Trennkost zu halten.
Da Frau Summ Seminare aus zeitlichen Gründen nicht abhalten kann, bietet sie stattdessen einen Fernlehrgang an. In dieser Zeit lernen Sie Ihren Körper besser kennen und ändern Ihre Kopf- und Bauch-Einstellung so, dass Sie Ihr Übergewicht abbauen können.

Weitere Informationen
und kostenloses Infomaterial erhalten Sie bei:
Trennkost Club
Ursula Summ
Buzon N° 356
Calle Patricio Ferrandiz 40
E-03700 Denia/Alicante
Spanien

Telefon: 00 34/96/642 11 20
Telefax: 00 34/96/578 47 15
Internet: www.trennkost.de
E-Mail: trennkost.summ@teleline.es

GRÄFE UND UNZER

Ein Unternehmen der
GANSKE VERLAGSGRUPPE